Albert MULOMBO WA MPUTU

ARGENT DE POCHE ET EDUCATION A L'EPARGNE

Devenir champion d'épargne via l'argent de poche

Éditeur: Upway Books
Auteur: Albert MULOMBO WA MPUTU
Titre: ARGENT DE POCHE ET EDUCATION A L'EPARGNE
Devenir champion d'épargne via l'argent de poche
ISBN: 978-1-918667-69-1
Couverture réalisée sur: www.canva.com

contact@upwaybooks.com
www.upwaybooks.com

Table des Matières

En mémoire de

Mon père
Albert Mulombo Wa Mputu,

Ma mère
Biuma Wa Tshimanga,

Mon tuteur
Henri Dom, op.

Préface

L'auteur du livre pour lequel je me fais l'insigne honneur d'écrire cette préface est pour moi un maître. Un de mes meilleurs maîtres, pour tout dire. Je le rencontre en 1991 dans la ville de Bukavu où je me trouve pour une licence en Développement rural à l'Institut Supérieur de Développement Rural (ISDR). Il y est professeur depuis quelques années déjà lorsque je foule le sol de cette ville le 27 octobre 1990.

Il accepte, lorsque le besoin académique se fait sentir, de diriger mon mémoire de licence intitulé : « Relations d'aide au développement entre le Nord et le Sud à travers les ONGD. Partenariat ou paternalisme ? Essai d'analyse critique sur le Comité *Anti-Bwaki* et l'*ADI-Kivu* (Zone de Kabare/Sud-Kivu) ».

A travers son accompagnement, j'apprends à écrire scientifiquement : je gagne en précision et concision. J'apprends surtout comment on corrige un texte pour le rendre accessible et intelligible. Je ne remercierai jamais assez le Professeur Albert Mulombo pour cet accompagnement respectueux et professionnel dont je me suis inspiré moi-même dans la conduite des travaux de mes étudiants et dans la correction des textes des revues dont j'ai été responsable.

A elles seules, ces raisons avancées n'auraient pas suffi à mobiliser ma plume pour écrire cette préface. Il y a une raison supplémentaire, beaucoup plus décisive. Après mes études à Bukavu, j'entre dans la Compagnie de Jésus. Le génocide Rwandais de 1994 oblige mon ancien professeur et directeur de Mémoire de demander un transfert pour l'Université de Lubumbashi. La providence permet alors que nous nous y rencontrions lorsque nommé Editeur et Rédacteur en Chef de la Revue *Congo-Afrique*, d'abord, et Directeur du Magazine *Renaître* et de l'Agence de Presse *DIA*[1], je me rends régulièrement en mission dans la capitale du cuivre pour la promotion de la revue et du Magazine.

Je découvre alors une de ses qualités m'ayant convaincu à écrire cette préface : la qualité d'un gestionnaire rigoureux et d'un expert en épargne. Je me connais mauvais gestionnaire et il le sait. Il tente de me convaincre que le seul moyen de m'en sortir est d'apprendre à épargner. Avec tact et pudeur, il m'apprend qu'épargner à partir de peu d'argent que l'on possède est un atout pour la stabilité financière. Ce n'est pas la théorie qu'il m'enseigne. Par des exemples simples de sa vie d'épargne, il me montre ce qu'il a acquis grâce aux efforts consentis pour l'épargne.

Un des moments importants dans notre relation est celui où, un jour, il me fait lire son manuscrit sur l'argent de poche et l'épargne. Le livre est pédagogique. Il veut aider les Congolais, les jeunes en particulier, à apprendre à épargner à partir de l'argent de poche qu'ils reçoivent de leurs parents ou de leurs tuteurs. Dans ce livre, le Professeur Mulombo voudrait donc partager sa conviction :

Je dis d'emblée que l'argent de poche fait d'un enfant ou adolescent un agent économique capable de manipuler avec intelligence et créativité son argent de poche en vue de la satisfaction de ses besoins grandissant avec l'âge. Certains besoins sont créés par le marché via les spots et affiches publicitaires. L'équation à résoudre pour lui est la suivante : que faire lorsqu'on a une somme d'argent limitée face à des besoins illimités ? Pour s'en sortir, il devrait sélectionner les besoins à satisfaire à court, moyen et long termes. Pour satisfaire des besoins importants, il lui faudrait mettre de côté un peu de son argent de poche. Si l'apport parental en termes d'argent de poche ne suffit pas, un

---

[1] La Revue *Congo-Afrique* est l'organe d'expression du Centre d'Etudes pour l'Action Sociale (CEPAS) appartenant aux Jésuites tandis que le Magazine *Renaître* et l'Agence de Presse *Dia* appartiennent à la Conférence Episcopale Nationale du Congo (CENCO).

adolescent peut le compléter par son apport personnel sous forme de travail pendant les vacances et ou en dehors des heures de cours. Ainsi, c'est progressivement qu'il acquiert les notions de budget, de gestion et d'épargne.

Ce seul paragraphe m'a séduit. Me considérant comme le premier lecteur de ce livre, je conseille aux parents et, surtout, aux élèves, aux étudiants et à quiconque voudrait devenir millionnaire, de lire se livre et d'appliquer les principes qu'il énonce avec simplicité, concision et clarté.

Avec ce livre, la révolution économique et financière en RD Congo commence. Ne soyez pas le dernier à le lire et à le pratiquer. Empressez-vous à l'acheter et en à faire votre livre de chevet. Pour devenir champion d'épargne, vous n'avez pas à corrompre et à voler, mais à accéder à l'éducation par l'épargne à partir de peu.

Professeur Ghislain TSHIKENDWA MATADI, SJ

Editeur et Rédacteur en chef honoraire de la Revue *Congo-Afrique*

Université Pédagogique Nationale

Université Loyola du Congo

Notes préliminaires
LE FONDEMENT DE L'EDUCATION A L'EPARGNE

Le système éducatif proposé dans cet essai repose sur l'idée fondamentale selon laquelle l'argent de poche est l'outil par excellence d'éducation à l'épargne.

Ainsi, au rôle traditionnel de satisfaction des besoins personnels s'ajouterait un rôle novateur d'ordre éducatif. Concrètement, à l'occasion d'octroi de l'argent de poche à un enfant, le bienfaiteur se doit de lui apprendre son importance en tant que moyen d'investissement personnel. Propriétaire de ce bien monétaire, il est normal qu'il en contrôle l'usage. En effet, dans son rôle traditionnel, c'est uniquement l'aspect de consommation qui ressort de l'argent de poche. Désormais, celui-ci possède une double signification : celle de moyen de consommation et celle d'épargne-placement.

Le fonctionnement harmonieux de ce système éducatif est conditionné par le respect d'un certain nombre de règles de jeu que voici:

1. le bénéficiaire, c'est-à-dire l'enfant, doit se fixer des objectifs personnels, clairs et réalistes, liés au bon usage d'une partie de l'argent de poche en sa possession ;

2. il est de la responsabilité du donateur (adulte) d'assigner un objectif éducatif à une partie de l'argent de poche octroyé à l'enfant sous sa responsabilité (ces deux premières règles renvoient au point n° 3.2.2 relatif à l'attribution d'un objectif à l'argent de poche) ;

3. la liberté doit être laissée au bénéficiaire de l'argent de poche pour lui permettre de fixer, de son propre gré, le montant réservé à l'épargne ;

4. le principe de rétroaction - feedback en anglais - sera d'application stricte : j'entends, par-là, le fait qu'il y aura un échange institutionnalisé entre le bénéficiaire et le donateur au moment de l'octroi de l'argent de poche. Son objectif sera de savoir s'il y a eu respect ou non de la parole donnée par le bénéficiaire au donateur ;

5. le donateur se gardera de s'ingérer dans l'usage de la composante personnelle de l'argent de poche. Si tel n'est pas le cas, l'argent de poche risque de se transformer en un prêt déguisé (le point n° 31 relatif à l'expérience significative de l'Auteur) ;

6. l'épargne doit être placée dans un organisme collecteur d'épargne populaire (Caisse d'Epargne, Coopérative d'Epargne et de Crédit, Caisse Populaire...) afin qu'elle soit sécurisée et qu'elle produise les intérêts (Cf. le point n° 3.2.3 relatif au renforcement du comportement d'épargne) ;

7. après une certaine période, le donateur laissera au bénéficiaire le soin de s'auto-évaluer. Il se contentera de jouer le rôle de conseiller que l'on consulte en cas de nécessité ;

8. la régularité de l'argent de poche et le respect du régime d'octroi choisi (journalier, hebdomadaire, mensuel ou autre) sont deux facteurs qui contribueront au bon fonctionnement du système éducatif à l'épargne ;

9. le montant de l'argent de poche et son régime d'octroi peuvent faire l'objet d'une révision au seuil d'une nouvelle année (civile,

scolaire ou académique) surtout s'il y a des changements importants au niveau des paramètres macro-économiques (par ex : Croissance économique, inflation...) ;

10. le respect des règles du jeu demeure la clé de voûte du système d'éducation à l'épargne, car disposer et dépenser de l'argent sans éthique est le commencement du sous-développement personnel.

En langage comportementaliste (behavioriste), les règles susmentionnées sont des stimuli antécédents qui, en principe, prépareraient le terrain à l'acquisition du comportement désiré : l'acte d'épargner. On ne naît pas épargnant, on le devient à la suite d'un apprentissage systématique basé sur l'association de deux éléments : l'argent de poche et l'information sur le bien-fondé de déposer une partie de cet argent dans un organisme collecteur d'épargne populaire. Une fois le comportement d'épargne appris, son maintien, voire son augmentation passent par son renforcement monétaire ou d'un autre type. (Cf. le point n° 3.2.3. relatif au renforcement du comportement d'épargne). Epargner devient alors un jeu dans lequel un joueur motivé (représentons-nous le renforcement comme le stimulus conséquent) ambitionnera de faire mieux prochainement, l'objectif ultime étant celui de devenir champion d'épargne. On l'aura compris, l'argent de poche est un puissant moyen au service d'une noble finalité : l'éducation à l'épargne, base d'un développement personnel et national auto - centré. Parmi les indicateurs de cet apprentissage à l'épargne, je peux citer: l'ouverture d'un compte épargne ou l'obtention d'un livret d'épargne, les dépôts réguliers, l'augmentation en volume des dépôts, l'investissement sur fonds propres, etc.

J'invite les lecteurs du présent essai à devenir de bons joueurs en matière d'épargne via l'argent de poche. Leurs suggestions seront prises en compte pour modifier éventuellement les règles du jeu.

L'Auteur

Chapitre premier
DE L'ARGENT DE POCHE

Ce premier chapitre s'ouvre avec la présentation de la notion de l'argent de poche, se poursuit par la présentation des enjeux de l'argent de poche et se termine par un exposée des résultats d'une enquête menée en milieu universitaire. Sur tel ou tel autre point précis, des comparaisons seront initiées à partir des résultats des études menées des années antérieures.

1.1. Notion

L'argent de poche est défini comme :

- l'argent « destiné aux menues dépenses personnelles »[2] ;
- « une somme d'argent de faible montant que certains parents versent à un enfant dont ils ont encore la charge, généralement en espèces, afin qu'il puisse pourvoir à des besoins non essentiels qui ne sont pas déjà assumés par le ménage. Elle peut être versée de manière régulière (par exemple toutes les semaines ou tous les mois) ou à une occasion particulière (anniversaire, fête).

Pour définir l'argent de poche, j'opte pour une approche de six critères:

Critères retenus

1. nature : *somme d'argent donnée (et non gagnée par le travail)* ;

2. quantité : *de faible montant ;*

---

[2] *Le Nouveau Petit Robert de la langue française*, 2009, p. 1942.

3. rythme : *versée régulièrement ou occasionnellement,*

4. bénéficiaire : *à un (e) enfant, un (e) adolescent(e), un jeune homme ou une jeune fille* ;

5. donateur : *par son responsable (parent, grands-parents, tuteur) ;*

6. objectif et but : *en vue de la satisfaction de ses besoins personnels et de son apprentissage de l'autonomie.*

Il s'ensuit que, dans une approche psychosociale à la manière de Serge Moscovici (1984)[3], l'argent se transforme en argent de poche dès lors que ces trois éléments sont réunis simultanément : l'enfant (l'adolescent ou le jeune), l'adulte (parent, grands-parents ou tuteur) et l'argent (en tant qu'objet de transaction).

1.2. Enjeux de l'argent de poche

Deux enjeux majeurs sont liés à l'argent de poche : l'un éducatif, l'autre financier.

1.2.1. L'enjeu éducatif

Pour diverses raisons l'enfant peut refuser ou se méfier de l'argent de poche s'il en a une représentation négative. Cela est vrai dans les cas ci-après :

1. l'argent de poche est perçu par l'enfant comme un moyen de contrôle sur lui ;

---

[3] Serge MOSCOVICI (1984). (Sous la dir), *Psychologie sociale*, Paris : PUF.

2. l'argent de poche est perçu par les deux parties comme un instrument de chantage efficace dont elles peuvent se servir à tout moment ;

3. l'argent de poche compense une absence ou un manque de disponibilité des parents ;

4. l'enfant se représente l'argent de poche comme un instrument de l'amour parental envers lui[4].

D'où l'acceptation de l'argent de poche par l'enfant est fonction de la qualité des relations le liant à ses parents.

Selon Jean François Guillaume[5], la viabilité de l'argent de poche repose sur le respect de deux principes : un cadre clair et l'équité. « Fixer un cadre clair et non négociable, c'est le premier principe directeur. Les parents définissent des règles et doivent s'y tenir (.....) Le souci d'équité est le second principe. On conseille de donner la même chose à chacun de ses enfants, même si en fonction de l'âge et des besoins, le montant ainsi que les conditions peuvent varier ». Toujours, selon le même auteur, « responsabiliser le jeune à l'argent, c'est lui faire comprendre qu'il ne pourra jamais satisfaire tous ses besoins ».

C'est à l'occasion de l'octroi de l'argent de poche que les parents peuvent inculquer à leurs enfants la morale contenue dans la fable de La Fontaine *La cigale et la fourmi* et dont voici un condensé : « *Pendant l'été la cigale chante et s'amuse et la fourmi travaille pour avoir des réserves pendant l'hiver. Quand l'hiver arrive, la cigale n'a rien à manger et elle demande de l'aide à la fourmi qui refuse* ». A la fin du récit, les parents poseront la question suivante à leurs enfants :

---

[4] www.la finance pour tous.com

[5] J.Fr. GUILLAUME, dans *L'appel* 349, Septembre 2012, p. 23.

voudriez-vous être la fourmi qui économise pour l'hiver ou la cigale qui dépense trop ?

1.2.2. L'enjeu financier

Je dis d'emblée que l'argent de poche fait d'un enfant ou adolescent un agent économique capable de manipuler avec intelligence et créativité son argent de poche en vue de la satisfaction de ses besoins grandissant avec l'âge. Certains besoins sont créés par le marché via les spots et affiches publicitaires. L'équation à résoudre pour lui est la suivante : que faire lorsqu'on a une somme d'argent limitée face à des besoins illimités ? Pour s'en sortir, il devrait sélectionner les besoins à satisfaire à court, moyen et long termes. Pour satisfaire des besoins importants, il lui faudrait mettre de côté un peu de son argent de poche. Si l'apport parental en termes d'argent de poche ne suffit pas, un adolescent peut le compléter par son apport personnel sous forme de travail pendant les vacances et ou en dehors des heures de cours.

Ainsi, c'est progressivement qu'il acquiert les notions de budget, de gestion et d'épargne. « Il peut également transférer de l'argent sur son compte épargne. Il apprendra ainsi la notion d'intérêts et de capitalisation des intérêts : le fait que les intérêts, s'ils restent sur le compte, vont s'ajouter à la somme s'y trouvant déjà vont eux-mêmes produire des intérêts »[6].

Parler de l'enjeu financier de l'argent de poche signifie aussi dévoiler ses zones d'ombre comme :

1. la confusion entretenue, souvent par ignorance, entre l'argent de poche (argent donné) et le salaire (argent gagné). Elle se retrouve dans des discours du genre : « comment voulez-vous qu'ils aient

[6] www.wikipedia.or/wiki/argent-de poche, p. 8 (consulté le 15/5/2015).

ensuite envie de travailler ? L'argent de poche, ça doit se gagner (si on leur verse des " salaires" sans contrepartie, ils en voudront toujours plus toute leur vie » ;

2. certains parents associent systématiquement l'argent de poche aux tâches domestiques ;

3. d'autres parents associent systématiquement l'argent de poche aux résultats scolaires ;

4. d'autres encore donnent l'argent de poche sans tenir compte de leurs propres moyens, ni des besoins réels de leurs enfants ;

5. au nom d'une liberté mal comprise, quelques enfants font des achats dangereux (alcool, cigarette, canifs…..).

Si les deux sections qui précédent sont théoriques, la suivante est pratique, car elle se nourrit des idées recueillies sur le terrain.

1.3. Enquête sur l'argent de poche

1.3.1. Genèse de l'enquête

Je travaillais, depuis plusieurs semaines déjà, sur un essai d'éducation à l'épargne au moyen de l'argent de poche, lorsque l'idée m'est venue de partager mes préoccupations avec les étudiants inscrits en troisième année de graduat en psychologie au cours de l'année académique 2005-2006.

Ces étudiants suivent des nouveaux cours dans le cadre de la réforme des programmes des cours au niveau de l'enseignement supérieur et universitaire, laquelle est entrée en application depuis l'année académique 2004-2005. Parmi ces nouveaux cours il y a celui intitulé « Les méthodes de créativité et les innovations » (30 heures théoriques et 15 heures pratiques, soit un volume horaire total de 45 heures). Ce cours fut pour moi une aubaine dans la recherche de nouvelles idées pour enrichir mon essai.

1.3.2. Contenu de l'enquête

Pour l'essentiel, l'enquête a consisté à la résolution de six problèmes relatifs à l'argent de poche que voici :

1. « Selon vous, à quoi servirait l'argent de poche si on vous en donnait régulièrement»

2. « Comment l'argent de poche pourrait-il servir comme instrument ou moyen d'éducation à l'épargne ? »

3. « Souhaiteriez-vous que l'argent de poche soit donné à son bénéficiaire:

   a) chaque jour
   b) chaque semaine ;
   c) chaque mois ou
   d) chaque trimestre ?

4. Quels sont les avantages et inconvénients de votre choix ?

5. « A partir de quel âge faut-il donner l'argent de poche ? »

6. « Que se passerait-il si l'on donnait de l'argent de poche à chaque écolier, élève ou étudiant congolais ? »

7. « Que se passerait-il si l'argent de poche était supprimé pour une raison quelconque ? »

A ces six problèmes ci-dessus s'ajoute une question de demande d'information factuelle ci-après :

« Recevez- vous l'argent de poche ? Oui ou non. Si c'est Non, dites pourquoi ? »

1.3.3. Méthodes et techniques de résolution des problèmes

La résolution des problèmes soumis eux étudiants interrogés a nécessité le recours à deux méthodes de créativité :

Le brainstorming d'Alex Osborn : il s'agit d'une technique de créativité fondée sur le principe du jugement différé. Cette technique fut indiquée dans la résolution des problèmes n° 1, 2, 3,4, et 5.

La méthode de suppression ou transformation d'éléments existants : il s'agit d'une technique dérivée du brainstorming et fondée sur des situations imaginaires. Elle fut recommandée dans la résolution des problèmes n° 5 et 6.

1.3.4. Modalités pratiques de travail

La résolution des problèmes est collective. Pratiquement, tous les étudiants réguliers au cours étaient répartis en groupes de dix. Neuf groupes furent ainsi constitués complètement. En principe, chaque groupe de travail se devait de résoudre un seul problème relatif à l'argent de poche. Mais, pratiquement, deux groupes furent affectés à la résolution du problème n°1. Il s'agit des groupes n°1 et 2. Il en fut de même du problème n°2 à la résolution duquel furent affectés les groupes n°2 et 8. Ces deux problèmes sont considérés comme très importants sur le plan informationnel comparativement aux autres problèmes. Quant aux problèmes restants (n° 3, 4, 5, 6 et 7), il revenait à chaque groupe d'en résoudre un seul. S'agissant de la question de demande d'information, elle fut l'objet d'un traitement individuel.

Signalons, enfin, que chaque groupe de travail était appelé à se choisir démocratiquement un secrétaire rapporteur et un animateur.

1.4. Résultats de l'enquête

Les résultats sont généralement qualitatifs à cause de l'emploi de méthodes et techniques de créativité dans la résolution de tous les problèmes soumis aux enquêtés. A titre exceptionnel, seuls les résultats relatifs à la question de demande d'information factuelle sont quantitatifs.

1.4.1. Les bénéficiaires de l'argent de poche

A la question de savoir si les étudiants interrogés recevaient de l'argent de poche, nous avons obtenu les résultats suivants : sur un effectif total de 93 étudiants présents au cours de « Méthodes de créativité et innovations », 47 étudiants, soit 50,54 %, déclarent ne pas bénéficier de l'argent de poche et seulement 46 étudiants, soit 49,46 %, se disent bénéficiaires de l'argent de poche.

En bref, un étudiant de troisième graduat en psychologie sur deux ne bénéficie pas de l'argent de poche.

Il est très instructif de connaître les justifications qu'avancent les sujets ayant répondu négativement à la même question, c'est-à-dire les non bénéficiaires de l'argent de poche si, un jour, nous tenons à diminuer leur nombre par l'application des mesures appropriées. Ces justifications sont contenues dans le tableau ci-dessous.

Tableau n°1 : Justifications de la non-perception de l'argent de poche

N	Justifications	Fréquences	Pourcentage
1	Ressources financières limitées du responsable (père, oncle, tuteur ...) suite à la conjoncture économique difficile	19	42,22
2	Auto-prise en charge	8	17,78
3	Absence de donateur	5	11,11
4	Crainte relative au mauvais usage de l'argent par l'enfant	3	6,67
5	Décès parental	3	6.67
6	L'enquêté(e) a le statut de parent	1	2,22
7	L'âge avancé (27 ans)	1	2,22
8	L'Etat congolais (responsable de cette situation)	1	2,22
9	Le manque d'habitude	1	2,22
10	Possession d'un capital à faire fructifier	1	2,22
11	Eloignement géographique des parents	1	2,22
12	Non-budgétisation de l'argent de poche par la communauté religieuse	1	2,22
	TOTAL	**45**	**100**

Source : Données de l'enquête.

La conjoncture économico-financière critique (42,22 %) constitue le principal motif de la non-allocation de l'argent de poche. Quatre arguments sur dix rentrent dans cette catégorie. L'assainissement de l'environnement économique et la gestion efficace des finances publiques sont des remèdes appropriés à l'insuffisance des revenus des individus et des ménages. A cela, il faut ajouter la justice distributive.

Le deuxième motif de la non-perception de l'argent de poche est, selon les étudiants interrogés, l'auto-prise en charge (17,78 %).

Cette catégorie renferme des arguments tels que :

- je suis responsable de moi-même ;
- je dépends de moi-même ;
- je me débrouille seul ;
- je m'auto-suffis ;
- je me supporte moi-même ;
- j'épargne mon argent dans ma propre caisse, etc.

Comme nous pouvons le constater, l'autonomie (financière) est une valeur qui n'est intervenue que dans deux discours sur dix. Elle mérite d'être incorporée dans tout programme d'éducation à l'épargne au titre d'objectif à poursuivre pour son développement personnel.

Les difficultés conjoncturelles d'ordre économico - financier et l'autonomie financière interviennent pour 60 % des arguments énoncés. Leur poids est donc énorme dans la représentation sociale de l'argent de poche.

Les sujets qui justifient la non-perception de l'argent de poche par l'absence de donateur se considèrent comme des agents passifs, des rouages d'un système socio- économique manipulé par les puissants. Ils doivent changer de point de vue en se considérant plutôt comme des acteurs sociaux capables de prendre des initiatives allant dans le sens de leur personnalisation.

1.4.2. De l'utilité de l'argent de poche

Selon les étudiants interrogés l'argent de poche pourrait servir à des fins diverses telles que :

1. le transport ;
2. l'entretien de la salle de cours ;

3. les loisirs (aller au cinéma, aller au stade, sortir avec des amis, prendre part à un pique-nique, etc.) ;
4. le payement de syllabus ou de droits d'auteurs ;
5. la restauration (collation, casse-croûte) ;
6. l'aide à autrui (fiancé (e), ami (e), collègue) ;
7. impressionner pour draguer les femmes voire les hommes)
8. l'aumône ;
9. les soins corporels (savon, lait de beauté, coiffure) ;
10. la communication (crédits de communication, appareil cellulaire, phonie) ;
11. l'abonnement aux bibliothèques locales.

L'épargne

12. l'achat de médicaments ;
13. la recherche sur l'Internet ;
14. l'initiation à la magie ou aux fétiches ;
15. les activités commerciales ;
16. l'entretien d'un petit jardin ;
17. l'organisation d'une réception.

Le tout peut être ramené à huit types de besoins : affectifs, sanitaires, cognitifs, alimentaires, sociaux, esthétiques, communicationnels, pécuniaires.

1.4.3. De l'utilisation de l'argent de poche comme instrument d'éducation à l'épargne

Les stratégies ci-après sont envisageables pour faire en sorte que l'argent de poche devienne un moyen efficace d'éducation à l'épargne :

1. assigner à l'argent de poche des objectifs précis et réalistes à court, moyen ou long termes : achat de syllabus ou de livres scolaires,

voyage, impression de mémoire, fête d'anniversaire, etc. ;

2. injecter une partie de l'argent dans une tontine (Likélemba) ;
3. investir son argent dans quelques affaires rentables et recherchées par le grand public ;
4. placer son argent sur un compte bancaire pour qu'il produise des intérêts ;
5. comprimer les dépenses superflues pour limiter l'usage de l'argent de poche à la satisfaction des besoins essentiels.

A mon avis, la stratégie n°1 est la stratégie fondamentale, car tout sujet qui sait ce qu'il cherche, c'est-à-dire qui s'est fixé un objectif précis utilisera l'argent de poche comme un moyen pour arriver à ses fins.

L'emploi combiné d'au moins trois des stratégies susmentionnées constitue la meilleure voie à suivre par tout sujet qui voudrait devenir le champion d'épargne via l'argent de poche. C'est là l'objectif principal assigné à cet essai.

1.4.4. Du régime d'octroi de l'argent de poche

Les étudiants interrogés ont opté pour le régime journalier, un régime adapte à une économie de survie dans laquelle on rencontre beaucoup de prolétaires.

A ce sujet, les parents de Martin Luther King, qui appartenaient à la classe moyenne américaine, avaient opté pour le régime hebdomadaire. C'est ainsi qu'ils lui remettaient cinq dollars chaque semaine.

1.4.5. De l'âge idéal pour bénéficier de l'argent de poche

Il serait souhaitable de donner l'argent de poche à un enfant à partir de douze ans pour les raisons suivantes :

- Cet âge est le début de l'adolescence, période de la vie humaine au cours de laquelle l'enfant acquiert une certaine maturité, cherche à être indépendant à l'égard de ses parents ;
- Dans sa quête de l'autonomie l'enfant voudrait résoudre seul certains problèmes vitaux. D'où il serait mieux de prévoir pour lui de l'argent de poche.

En effet, comment un garçon peut-il organiser une surprise-partie, aller au cinéma, draguer les filles, etc., sans argent personnel ? Comment une fille peut-elle entretenir sa beauté pour attirer les sujets de l'autre sexe, suivre la mode, etc., sans argent personnel ? Ainsi, sans argent de poche, le garçon court le risque de tomber dans le banditisme et tandis que la fille peut se livrer à la prostitution cachée ou ouverte. Il est à noter que pour un enfant qui a suivi une scolarité normale, l'âge de douze ans correspond à son entrée à l'école secondaire.

Le psychologue **Daniel Lambert (2004)** a un autre point de vue au sujet de la problématique de l'âge: « Ici, je serais porté à répondre d'attendre que le besoin vienne de l'enfant, c'est-à-dire qu'il commence à demander de l'argent pour s'acheter des choses. Ses demandes traduisent au moins son besoin d'argent pour se procurer des objets.

Pour apprendre à l'enfant des notions d'épargne, par le biais de l'argent de poche, l'enfant doit au moins savoir compter, sinon, comment pourrait-il arriver à comprendre que s'il dépense X il ne lui restera que Y et que dès lors il achètera ceci plutôt que cela, ou qu'il devait peut être à garder son argent pour s'acheter quelque chose de plus important plus tard ? » [7]

Et si l'argent de poche n'apprend rien à l'enfant, à part le fait qu'il peut se payer des bonbons, quelle est l'utilité de lui en donner[8]?

La capacité de compter correctement s'acquiert dès l'école primaire, donc bien avant l'âge de douze ans.

Le point de vue des enquêtés est corroboré par la pratique des Français. En France, 12 ans est l'âge minimum pour ouvrir un livret jeune.

1.4.6. Des conséquences de la généralisation éventuelle de l'argent de poche.

Le Tableau ci-dessous nous donne les conséquences positives (avantages) et négatives (inconvénients) de la généralisation de l'usage de l'argent de poche.

---

[7] Daniel Lambert (2004).

[8] http://www.webdlambert.com/ argent.Html

TABLEAU N°2 : Avantages et Inconvénients de la généralisation de l'usage de l'argent de poche

Catégorie d'apprenants	**Avantages**	**Inconvénients**
Ecolier	- Evitement de la mendicité - Encouragement et motivation aux études	- cupidité - caprices envers les parents
Elève	- Restauration pendant la recréation - Autonomie en matière d'argent	- orgueil - corruption - prostitution
Etudiant	- Satisfaction de certains besoins personnels (Résolution de certains problèmes personnels)	- corruption - prostitution - orgueil - ivrognerie

1.4.7. Des conséquences de la suppression éventuelle de l'argent de poche

Il se passerait beaucoup de choses si l'on supprimait l'argent de poche pour une raison quelconque. Voici la liste des conséquences probables :

1. le sentiment de frustration (étant donné que l'habitude est une seconde nature) ;
2. le sentiment d'angoisse ;

3. le sentiment de colère ;

4. la manifestation de l'agressivité ;

5. la difficulté de se déplacer (en taxi ou taxi —bus) ;

6. la pratique de la prostitution et du vol chez les filles ;

7. la pratique du vol chez les garçons ;

8. la difficulté d'offrir un cadeau à un (e) ami (e) ;

9. la revendication de ses droits ;

10. le développement du sens de débrouillardise (notamment à travers les activités commerciales) ;

11. la dévalorisation de soi (sentiment d'être un sous-homme) ;

12. la difficulté à satisfaire des petits besoins ;

13. le blocage en tout.

Les conséquences touchent à la personne et non à la société ni à ses institutions.

1. 5. Conclusion partielle : L'argent de poche au service du développement personnel et du développement local via l'épargne

L'Homme est un être bio-psycho-social dont le comportement est mû par des facteurs internes (besoins, forces instinctives) et par des facteurs externes (stimulations environnementales).

Les résultats de l'enquête démontrent que l'argent de poche servirait à la satisfaction d'une multitude des besoins touchant aux sphères physiologique, sociale, cognitive et autres. Pour son développement harmonieux et intégral, l'homme a non seulement besoin de nourrir son corps, mais aussi son esprit. De plus, il a besoin de contacts sociaux et d'amour pour son équilibre psychoaffectif.

Dans la même enquête, il a été démontré que l'argent de poche servirait également à l'épargne. La notion d'épargne suppose que l'on postpose la satisfaction des besoins ressentis présentement par l'homme ou engendrés par son exposition à son environnement actuel.

On met entre parenthèses le présent au profit du futur. Un futur qui sera meilleur que le présent, pense-t-on. Telle est la quintessence même du développement.

Pour ce faire, on assignera à l'argent de poche des objectifs précis et réalisables à court, moyen ou long termes. On le placera dans une institution financière pour qu'il produise des intérêts et qu'il serve aux projets de développement.

Chapitre deuxième
DE L'EPARGNE

Le deuxième chapitre s'articule autour de six points que voici : notion de l'épargne, importance de l'épargne, organismes collecteurs d'épargne, épargne comme élément constitutif d'un budget (personnel ou familial), enquête sur l'épargne, résultats de l'enquête et une conclusion partielle : « On devient épargnant ».

2.1. Notion

Qu'est-ce que l'épargne ?

Le Petit Larousse grand format[9] définit l'épargne comme :

- Une mise en réserve d'une somme d'argent ;
- Une fraction du revenu individuel ou national qui n'est pas affectée à la consommation.

Le Petit Robert [10] lui assigne trois acceptions:

- Gestion où les dépenses sont maintenues à un niveau inférieur aux recettes en vue de constituer des réserves ;
- Ensemble des sommes mises en réserve ou employées à créer du capital (sens moderne) ;
- Action de ménager, d'utiliser une chose avec modération (sens figuré).

[9] Le Petit Larousse grand format (2001)

[10] Le Petit Robert (1993)

En somme, l'épargne est la partie du revenu, mieux du revenu net, c'est-à-dire après imposition, qui n'a pas été consommée.

Si Rn = Revenu net (après imposition)

C = Consommation

S = Epargne

Alors Rn= C + S

- Il y a épargne lorsque C < Rn
- Il y a désépargne, c'est-à-dire transformation d'une épargne en consommation lorsque C > Rn

Il n'y a ni épargne ni désépargne, donc il y a seuil de l'épargne, lorsque C = Rn.

« L'épargne de la nation est la somme de trois composantes. L'épargne des ménages, qui est la différence entre leurs revenus et ce qu'ils consomment. L'épargne des entreprises, qui est la différence entre ce qu'elles paient pour rémunérer le travail (salaires) et le capital (taux d'intérêt, dividendes ...). L'épargne des administrations, qui est la différence entre les impôts et les charges qu'elles prélèvent et leurs dépenses courantes (hors investissements).»[11]

Conformément à la définition adoptée, la formation de l'épargne est tributaire du revenu et celui-ci dépend essentiellement du travail productif. A cela s'ajoute la volonté d'épargner. Celle-ci dépend, à son tour, d'un certain nombre de facteurs notamment la stabilité monétaire, l'intérêt de l'épargne placée ou investie, l'information sur l'importance de l'épargne....

---

[11] http://www.lexpansion. com/art/6.0.1 13934. Html

2.2. Importance

Ouvrons cette rubrique par un témoignage éloquent donné par Martin Luther KING[12] dans son livre autobiographique: « Je n'ai jamais éprouvé le sentiment de manquer de quelque chose. Mon père, qui faisait toujours passer sa famille avant tout, nous a constamment assuré le nécessaire. Il n'avait pourtant qu'un salaire normal, mais son secret c'est qu'il était passé maître dans l'art d'épargner et de gérer son budget. Il a toujours eu le bon sens de ne pas vivre au-dessus de ses moyens. Grâce à quoi il a été en mesure de nous procurer tout ce qu'il fallait sans trop se priver. »

De ce témoignage découlent les enseignements suivants : Premièrement, l'existence d'une liaison entre l'épargne et une bonne gestion budgétaire ;

Deuxièmement, l'épargne est liée à un certain genre de vie (caractérisée par la sobriété) ;

Troisièmement, l'épargne permet de satisfaire les besoins des membres d'une famille et partant, il contribue à assurer la paix familiale. Si je quitte le cadre familial pour m'intéresser à la société globale, je peux attester que l'épargne nationale intervient dans la formation du capital national.

En effet, un pays qui se dit indépendant ne peut pas vivre en comptant éternellement sur des aides et des investissements étrangers.

Les fonds propres sont indispensables à un développement autocentré et endogène.

---

[12] Martin Luther KING, *Autobiographie*, Paris, Bayard Editions, 2000, p. 22.

2.3. Epargne comme élément constitutif d'un budget (personnel ou familial)

La connaissance de ses revenus (revenu salarial, 13ème mois, gains de l'épouse, gratification, revenus des capitaux, etc.) est le point de départ de l'établissement de son budget. Concrètement, on prend les revenus mensuels et on les multiplie par douze.

Une fois la rubrique de revenu constituée, on passe à celle des dépenses. On distingue les dépenses qui ne varient pas mensuellement (frais fixes) et celles qui varient mensuellement (frais variables).

Comme pour les revenus, le calcul des dépenses s'effectue en multipliant par douze les dépenses mensuelles.

L'idéal serait d'avoir un budget parfaitement équilibré entre recettes et dépenses. D'aucuns se frotteraient les mains face à une telle situation. Malheureusement, ils ne sont pas à l'abri des imprévus. D'où l'impérieuse nécessité de se constituer une réserve d'argent, donc d'épargner. L'épargne devient alors un instrument efficace pour se protéger contre les imprévus de la vie présente, mais également contre les imprévus de la vie future, c'est-à-dire ceux liés à sa vieillesse.

Au-delà de la notion d'imprévu, l'argent de poche devrait figurer dans tout budget compte tenu de sa dimension éducative pour le bénéficiaire et le donateur. En effet, celui-ci doit instruire celui-là pour qu'il gère avec parcimonie l'argent reçu gracieusement.

2.4. Organismes nationaux collecteurs d'épargne

Si, dans le système bancaire classique, les conditions d'adhésion et d'octroi de prêts sont contraignantes, il en va autrement des deux types d'institutions financières spécialisées dans la mobilisation de l'épargne des individus et des ménages : La Caisse d'Epargne du Congo

(CADECO) et les Coopératives d'Epargne et de Crédit (COOPEC). En effet, leurs efforts de s'adapter aux conditions de vie des gagne-petit en font des instruments financiers à la portée de tous : ruraux ou citadins, nantis ou pauvres, hommes ou femmes. C'est donc tout logiquement qu'il est recommandé aux épargnants d'adhérer à ces instruments financiers d'un type nouveau.

2.4.1. La Caisse d'Epargne du Congo

Cette institution financière publique a vu le jour à l'époque coloniale, précisément en 1950. M. Grégoire BUHENDWA, ancien président du Conseil d'Administration de la CADECO, note que « l'apport propre de la caisse d'Epargne dans le développement économique consiste à drainer l'épargne dans les régions rurales et les petits centres de l'intérieur où les Banques n'ont qu'une action réduite (...) Ce faisant, la CADECO est appelée à jouer un rôle de stimulant appréciable dans l'économie nationale, par les placements qu'elle effectue dans divers secteurs de l'activité économique et par sa participation à la réalisation de projets collectifs. »[13]

La CADECO est la première institution africaine membre de l'Institut International des Caisses d'Epargne.

Afin de stimuler et de développer l'esprit d'épargne, elle a recouru à une panoplie de stratégies avec des fortunes diverses :

- la commémoration de la Journée mondiale de l'Epargne le 31 octobre de chaque année ;
- le recours systématique aux mass médias : presse, radio, télévision, haut-parleurs attachés à des véhicules diffusant des slogans et des

[13] Grégoire BUHENDWA, "La relance de la caisse d'Epargne au Congo et son rôle dans le développement économique », *Congo-Afrique* n.41, 1970, p. 9.

chansons incitant à l'épargne ;

- l'installation des Kiosques « Caisse d'Epargne » ;
- la construction des bureaux auxiliaires ;
- l'usage de cars ambulants ;
- la participation à des foires.

Sa situation actuelle est franchement morose : baisse de clientèle et de dépôts, manque d'imagination créatrice dans la recherche de solutions aux problèmes posés par la crise congolaise, etc. Les technologies de l'information et de communication (TIC en sigle) envahissent le champ financier avec des M-Pesa, Airtel Money, Orange Money, etc.

2.4.2. Les Coopératives d'Epargne et de Crédit

Selon la recommandation 127 de l'O.I.T (Genève, 1966) concernant le rôle des institutions coopératives dans le développement économique et social des pays en voie de développement, une coopérative est « *une association de personnes qui se sont volontairement groupées pour atteindre un but commun, par la constitution d'une entreprise dirigée démocratiquement, en fournissant une quote-part équitable du capital nécessaire et en acceptant une juste participation aux risques et aux fruits de cette entreprise, au fonctionnement de laquelle les membres participent activement.* »

De cette définition, Cl. VIENNEY[14] fait ressortir deux éléments :

- un groupement de personnes et

[14] Cl. VIENNEY, *Socio-économie des organisations coopératives*, Tme 1, Paris, Edition C.I.E.M, 1980.

- une entreprise.

Ainsi, pour cet auteur l'organisation coopérative est une «combinaison d'un groupement de personnes et d'une entreprise réciproquement liée par un rapport d'activités et un rapport de sociétariat.»

Quant au système de règles coopératives qui relient les deux éléments constitutifs de la combinaison, elles sont au nombre de quatre:

1. règle relative au Groupement de personnes (GP) : Egalité des sociétaires ;
2. règle relative aux relations Groupements de personnes-Entreprise
3. (GP) (E) : rapport d'activité;
4. règle relative aux relations Entreprises-Groupement de personnes
5. (E)→(GP) : répartition proportionnelle ;
6. règle relative à l'Entreprise (E) : appropriation durablement collective des résultats réinvestis.

C'est l'ensemble de règles qui est spécifique à l'organisation coopérative et non chaque règle prise isolément.

Ceci dit, c'est vers 1969 que se situe l'apparition des coopératives d'Epargne et de Crédit en R.D. Congo. « Le double rôle principal d'une Coopérative d'Epargne et de Crédit est de récolter l'Epargne des membres d'une communauté et de distribuer du crédit à des membres qui ont besoin de fonds. A ces fonctions s'ajoute celle de garantir la sécurité aux fonds récoltés »[15].

Sur le plan fonctionnel trois commissions facilitent la gestion administrative et financière : La Commission de crédit, le Conseil de

[15] Fr. KIKASSA MWANALESSA, « Les dix ans du mouvement coopératif d'Epargne et de Crédit au Zaïre », *Zaïre-Afrique* 159, 1981, p. 554.

surveillance et le Comité d'animation ou d'éducation. Grâce à ce dernier organe, « la coopérative joue le rôle d'une triple école :

- école d'épargne, où on apprend à renoncer à une consommation immédiate ;

- école d'apprentissage économique dans le sens particulier où tous les membres participent à la gestion de leur coopérative ainsi qu'à la solution de certains problèmes du milieu ;

- école de service et de civisme où on apprend aux membres à mettre leur argent à la disposition de tous et au service de la communauté, tout en sauvegardant leurs intérêts.»(Idem, p. 556). Si les COOPEC constituent la base du mouvement coopératif d'épargne et de crédit, les Coopératives centrales d'épargne et de crédit (COOCEC) forment le second niveau.

Les COOCEC ont une triple fonction :

- la gestion du surplus d'épargne non distribuée en prêts par les COOPEC;

- l'encadrement des COOPEC ;

- l'assistance des COOPEC dans les domaines de la surveillance, de la gestion, de la formation des cadres et de l'éducation des membres.

Le troisième niveau du mouvement coopératif comprend l'Union des coopératives centrales d'épargne et de crédit (UCCEC). Celle-ci existe depuis 1976 l'année où la R.D. Congo est devenue membre de l'Association des Coopératives d'Epargne et de Crédit en Afrique (ACECA) dont le siège est à Nairobi au Kenya.

Le but de l'ACECA est « d'aider les associations nationales membres à organiser la mobilisation des ressources locales ... et d'institutionnaliser l'épargne et le crédit aux fins de développement économique et social. »

Comme la CADECO et d'autres institutions financières, les COOPEC sont frappées de plein fouet par la crise multiforme que traverse la R.D. Congo depuis la transition politique, soit depuis 1990 jusqu'à ce jour.

2.5. Enquête sur l'épargne

Les motivations demeurent les mêmes que celles relative à l'enquête sur l'argent de poche.

2.5.1. Genèse de l'enquête

Ce qui a été dit au sujet de l'enquête sur l'argent de poche vaut pour l'épargne.

2.5.2. Contenu de l'enquête

L'étude de l'épargne s'est faite au moyen de deux problèmes à résoudre et d'une question de demande d'information factuelle.

PROBLEMES

1. Comment peut-on favoriser l'esprit et le comportement d'épargne dans nos différents milieux de vie :
   1) milieu familial ;
   2) milieu scolaire ;
   3) milieu de travail ;
   4) milieu associatif.
2. Quels objectifs assigneriez-vous à l'épargne :
   1) individuelle?
   2) familiale?

QUESTION

Etes-vous épargnant ? Si oui, dites dans quel organisme de collecte d'épargne ?

2.5.3. Méthode et technique de résolution des problèmes.

Pour résoudre le problème n°1 les enquêtés ont dû se servir de la méthode de synectique (ou l'approche analogique).

Par contre, pour résoudre le problème n°2 et répondre à la question de demande d'information, ils ont recouru au brainstorming.

2.5.4. Modalités pratiques de travail

C'est collectivement, c'est-à-dire par groupe de dix sujets que les enquêtés ont résolu les problèmes soumis à leur attention. Par contre, c'est individuellement qu'ils ont répondu à la question de demande d'information factuelle (N = 93)

Revenons au problème n°1 pour dire qu'il comportait quatre aspects : milieu familial, milieu scolaire, milieu de travail et milieu associatif. A chaque aspect du problème était affecté un groupe de dix sujets.

2.6. Résultats de l'enquête

Hormis les résultats relatifs à la question de demande d'information factuelle qui sont quantitatifs, les résultats relatifs à la résolution des problèmes sont, eux, qualitatifs.

2.6.1. Les pratiquants de l'épargne

Sur 93 étudiant interrogés, 13,98%, ont la qualité d'épargnants et 80 étudiants, soit 86.02 %, celle de non épargnants. En résumé, la pratique de l'épargne est le fait d'un étudiant sur dix.

L'organisme de collecte d'épargne le plus cité par les épargnants est la COOPEC (38,4 %). Parmi ceux qui se disent épargnants, certains pratiquent la thésaurisation en mettant l'argent dans leur propre caisse ou en adhérant à une tontine.

2.6.2. Les objectifs assignables à l'épargne individuelle et familiale

S'agissant de l'épargne individuelle, les objectifs lui assignés sont les suivants :

- la réalisation des projets ;
- la prise en charge personnelle ;
- l'autonomie ;
- l'enrichissement (de soi et de l'Afrique) ;
- une vie aisée et confortable ;
- le sens d'économie ;
- la reconstruction du pays ;
- le soutien aux Nations-Unies en cas des conflits entre Nations.

S'agissant de l'épargne familiale, les objectifs se résument ainsi :

- la maîtrise des imprévus ;
- la prise des initiatives ;

- l'indépendance ;
- la création des entreprises ;
- la recherche du confort ;
- l'entraide.

2.6.3. De la promotion de l'épargne en milieu familial

La famille constitue incontestablement le meilleur terreau pour l'éducation à l'épargne des ménages.

Les stratégies ci-après visent précisément à développer l'épargne familiale.

1) La recherche d'un revenu constant

Il n'y a pas d'épargne sans revenu. Hormis le capital, le travail, qu'il soit salarié ou non salarié, demeure l'autre source de revenu. Ainsi, la recherche d'un revenu passe par l'exercice d'un travail au sens où les psychologues l'entendent, c'est-à-dire une activité répondant à trois critères précis : effort, objectif et contrainte selon Cl. Lévy-Leboyer [16]. D'une façon concrète, outre le travail professionnel auquel s'adonnent éventuellement le père et la mère, la famille peut se créer des activités rentables dans divers domaines : agriculture, pêche, élevage, commerce, etc. Il s'agit, bien entendu, d'un travail collectif pouvant faire appel aux membres de famille en tant que main-d'œuvre disponible et permanente.

A propos du travail professionnel, trois scénarios sont concevables :

---

[16] Cl. Lévy-Leboyer, « Le travail comme activité et comme valeur », dans Cl. Lévy-Leboyer et J.C. Sperando, *Traité de psychologie de travail*, Paris, PUF, 1987, pp. 19-35

Premier scénario : seul le père travaille hors foyer. Dans ce cas, il faudrait créer une seconde activité qui serait supervisée par la femme. Les bénéfices générés par cette dernière activité formeront l'épargne familiale tandis que le salaire rapporté par le chef de famille servirait à la consommation familiale ou vice-versa

Deuxième scénario : les deux conjoints travaillent hors foyer. Dans ce cas, ils doivent s'entendre pour déterminer la proportion du salaire de l'un d'entre eux qui servirait d'épargne et le reste irait au fonctionnement de la famille

Troisième scénario : les deux conjoints ne travaillent pas. Dans ce cas, il leur est conseillé de s'adonner à n'importe quelle activité de survie. Ne dit-on pas qu'il n'y a pas de sots métiers, mais plutôt de sottes gens.

2) La gestion rigoureuse du projet familial

Savoir équilibrer les dépenses et les recettes (revenus) n'est pas chose aisée, ne va pas de soi. Certains ménages ont besoin des notions de gestion financière. Une bonne gestion implique la hiérarchisation des besoins, la diminution des dépenses non indispensables et surtout le dépôt du revenu salarial dans une institution financière dès le jour de paie afin d'éviter des dépenses non programmées.

3) La création d'une Caisse familiale ou d'une Tontine familiale

L'éducation à l'épargne passe aussi par la création d'une caisse familiale dans laquelle chaque membre familial pourrait mettre son argent et le retirer au moment voulu en fonction de ses besoins. Il serait bon qu'un membre de la famille respecté et intègre soit responsabilisé dans la gérance de cette caisse.

« La tontine est, selon M. Gracia, une association financière qui se crée entre des personnes, qui, généralement, se connaissent bien en vue de s'entraider. Ces personnes, le plus souvent liées par une certaine affinité, décident de verser une somme déterminée et à intervalles fixées. Les sommes ainsi cotisées sont à tour de rôle reversées à un membre de la tontine ». Il s'agit en l'occurrence de la solidarité familiale.

Une tontine est le lieu où s'effectuent l'apprentissage du maniement de l'argent, sous forme d'épargne et de crédit, et l'initiation à un calcul économique.

4) La volonté d'épargne

Les membres de la famille doivent avoir la volonté d'épargner même si le revenu (salarial et/ou non salarial) est insuffisant. Sans cette volonté, le revenu familial sera affecté à d'autres fins. D'où, faut-il le rappeler, la nécessité d'établir un budget incluant l'épargne. Celle-ci peut aider la famille à résoudre des imprévus : accueil des visiteurs, maladie, accident, etc.

5) l'apprentissage vicariant

Il est question ici d'observer et d'imiter les familles qui pratiquent déjà l'épargne, de donner des exemples de ce que les autres ont obtenir de meilleur à partir de l'épargne, à condition que les écarts de niveau de vie ou de statut social ne soient pas trop grands entre l'observateur et le sujet observé.

6) Stratégie à l'égard des enfants

Il est souhaitable que les parents donnent de l'argent de poche aux enfants sans conditions préalables. Une question mérite d'être posée à ce niveau : faut-il donner de l'argent de poche aux enfants régulièrement ou irrégulièrement. Pour répondre d'une façon tranchée à cette question. Il me semble qu'il faille mener une étude usant de la méthode expérimentale.

2.6.4. De la promotion de l'épargne en milieu scolaire

L'école est le deuxième milieu éducatif, le premier étant la famille. Il est donc normal que l'apprentissage à l'épargne y soit organisé au même titre que d'autres types d'apprentissage (professionnel, civique, linguistique, etc.). Pour ce faire, les écoles devraient être encouragées à faire preuve de créativité en organisant des activités lucratives. Celles-ci couvriront les sphères scolaire et parascolaire.

1) Activités d'autofinancement

A titre illustratif, on peut citer les activités suivantes dans le domaine scolaire :

- l'exposition vente des publications individuelles et collectives des membres de l'institution scolaire (manuel didactique, roman, recueil de nouvelles ou de poésie, Magazine ou revue de l'école, historique de l'école, etc.) ;
- la vente de livres scolaires, journaux de classes, outils didactiques, etc.;
- l'ouverture d'une salle de bureautique et de photocopie

Le collège Boboto de Kinshasa-Gombe se distingue par la parution de son magazine TAM-TAM, depuis plusieurs décennies. Il est vendu aux élèves et à leurs parents.

Dans le domaine parascolaire, on peut prévoir, au sein de l'école, l'ouverture :

- d'un cyber café ;
- d'une cabine téléphonique ;
- d'un salon de coiffure mixte ;
- d'une cantine scolaire :
- d'un magasin spécialisé en fournitures.

On peut penser aussi à la mise sur pied :

- d'une troupe théâtrale ;
- d'un club de danse ;
- d'un orchestre ;
- d'un ciné-club.

Dans des zones périphériques, l'école peut posséder :

- une ferme,
- un verger,
- une basse-cour,
- un champ agricole, sans pour autant se transformer exclusivement en ferme-école.

2) Création d'une caisse commune ou de plusieurs caisses par classe

Premier scénario : seuls des condisciples entretenant de bonnes relations se lancent dans la formation d'une caisse. Cette situation a pour conséquence la formation de plusieurs caisses par classe.

Avantage :

- La caisse repose sur un socle solide : les affinités unissant les membres, l'interconnaissance, c'est-à-dire la connaissance mutuelle des membres.

Inconvénients :

- risque de se transformer en cliques dans le groupe classe,
- l'encouragement de l'esprit de division.

Deuxième scénario : la formation de la caisse commune est l'affaire du groupe classe.

Avantages :

- l'esprit d'unité est favorisé ;
- il y a un début de coopération réelle entre les membres d'une classe.

Inconvénient :

- Plus le groupe de classe est grand, plus il est difficile de le gérer.

Quel que soit le scénario retenu, le fonctionnement de la caisse se déroulera de telle sorte que les membres du comité de gestion de la caisse soient élus par leurs pairs. Il s'agit de :

- un chef de caisse : il contrôle l'entrée de l'argent et autorise sa sortie ;
- un trésorier : il est chargé de garder l'argent des cotisants dans un

lieu sécurisé ;

- Un secrétaire : il note tous les montants qui entrent et sortent de la caisse ;
- Le montant ainsi que le rythme d'épargne seront fixés par le groupe (premier scénario) ou les sous-groupes (deuxième scénario) ;
- La sortie du montant d'épargne ne se fera jamais en totalité d'un seul coup.

3) Sensibilisation à l'épargne

Tous les acteurs du système scolaire, spécialement les apprenants, devraient faire l'objet d'une sensibilisation à l'épargne. Celle-ci s'opérera par le recours à l'une des stratégies ci-après :

- La tenue des conférences-débats portant notamment sur des sujets tels que:

- l'importance et les buts de l'épargne ;
- l'argent de poche au service de l'éducation à l'épargne ;
- l'épargne dans le développement d'une nation ;
- l'épargne individuelle et le développement personnel ;
- l'épargne et la formation du capital national.
- La psychologie de l'épargnant ;
- Les obstacles à la constitution d'une épargne (individuelle, familiale, nationale) ;

- Les préalables à la généralisation de la pratique de l'argent de poche

- Le recours à des techniques de créativité et d'innovation comme :

a. le concassage ou le « jeu de si » :

- « Si j'avais suffisamment d'argent pour satisfaire tous mes besoins fondamentaux, que ferais-je avec le surplus d'argent» ?
- « Si j'étais riche, comment aurais-je utilisé mon argent ? »
- « Si les imprévus étaient au rendez-vous de ma vie, comment m'y prendrais-je pour y faire face ? »
- « Si j'avais juste l'argent suffisant pour couvrir mes besoins de consommation courante, quelles stratégies devrais-je utiliser pour épargner en guise de mes vieux jours » ?

La synectique ou l'approche analogique notamment l'analogie personnelle qui consiste à se mettre à la place ou dans la peau d'un épargnant, à imaginer qu'on dispose de l'argent de poche à la recherche d'un mode d'emploi, etc.

Voici un jeu qui s'inspire de l'analogie personnelle et dont l'objectif est de favoriser l'esprit et le comportement d'épargne en milieu éducatif scolaire ou universitaire. L'élève ou l'étudiant se met dans la peau d'une poche dans laquelle son école (ou son université) doit puiser régulièrement de l'argent pour son fonctionnement harmonieux. La poche obéit à trois principes :

- ne jamais être vide ;
- recevoir plus qu'on donne ;

- les retraits d'une institution d'enseignement ne doivent pas dépasser ses dépôts.

La non-application d'un de ces principes entraîne une sanction exemplaire : La poche ne sera plus alimentée en argent, ce qui conduit à son abandon au profit d'une autre poche jouant bien le jeu. En effet, seules les poches bourrées d'argent intéressent les institutions d'enseignement pour des raisons évidentes.

En assimilant les principes d'une poche, l'apprenant aura à l'esprit de ne jamais vider ses poches complètement, de créer des activités qui feront entrer plus d'argent qu'il n'en retire.

4) Epargne forcée

Plusieurs formules d'épargne cueillie à la source peuvent être conçues dont, par exemple :

a) le retrait à la source d'un certain montant (par exemple : le 1/10 du revenu) qui sera rétrocédé avec intérêt à son titulaire, mais à la fin de l'année civile, scolaire ou académique selon le choix ;

b) la différence entre la présente formule et la précédente réside dans le fait que la restitution se fait non pas avec des espèces sonnantes et trébuchantes, mais en nature (par exemple : vivre, matériaux de construction, outils aratoires, etc.)

c) NB : les formules n° 1 et 2 concernent le personnel enseignant, administratif et technique.

d) L'augmentation des frais de scolarité (minerval) de telle sorte que la partie ajoutée des frais soit mise à part et remise à l'apprenant sous forme d'un capital avec intérêt pour le démarrage de la vie active. Les montants accumulés ne seront remis à l'intéressé qu'à la fin de sa scolarité.

5) Association d'Epargne Scolaire (AES) Ou Coopérative d'Épargne et de Crédit Scolaire (COOPEC-Scolaire)

La création de telles structures, membres du mouvement coopératif national voire africain, n'est envisageable que si elles touchent à un vaste public scolarisé, organisé sous forme de réseau : réseau jésuite d'enseignement, réseau musulman d'enseignement, réseau kimbanguiste d'enseignement, par exemple.

Ce créneau, encore inoccupé, constitue une fenêtre d'innovation pour les bienfaiteurs, anciens élèves desdits réseaux, à la recherche d'un challenge à relever, ou bien animés tout simplement par un besoin d'accomplissement de soi.

L'autre formule consiste à toucher un vaste public provenant des écoles situées dans une même zone géographique restreinte, ce qui évite de longues distances à effectuer par des épargnants effectifs.

2.6.5. De la promotion de l'épargne en milieu de travail

En ce milieu l'agent principal du changement attendu dans les attitudes et les comportements des agents est l'employeur. En effet, il peut impulser directement certaines actions et préparer le cadre idéal pour la réalisation d'autres actions initiées par les employés eux-mêmes. Cela est possible grâce à un management participatif et à la liberté d'entreprendre érigée en valeur cardinale. Voici quelques stratégies à mener en milieu professionnel.

L'employeur peut démontrer à ses employés l'intérêt et l'importance de l'épargne sur un triple plan : individuel, organisationnel et national. Sur le salon individuel, l'épargne peut poursuivre plusieurs objectifs :

- la réalisation d'un projet ;
- la survie lors du non-paiement ;
- la préparation de sa pension ;
- faire face aux imprévus, etc.

Sur le plan organisationnel, l'employeur peut entreprendre des actions telles que :

- l'introduction de l'actionnariat afin de favoriser l'appropriation de l'outil de production par tous ;
- le développement de l'esprit d'initiative et de l'esprit de créativité;
- le paiement régulier des travailleurs à la date fixée ;
- la création d'une caisse de solidarité ;
- la vulgarisation des objectifs de la caisse Nationale de la Sécurité Sociale (CNSS en sigle) ;
- l'encouragement à l'ouverture des comptes :
- le soutien multiforme aux associations d'entraide initiées par les travailleurs.

Sur le plan national, on peut noter que toute épargne collectée au niveau des organisations enrichirait l’épargne nationale, laquelle contribue au développement d’un capital national, base d’un développement autocentré.

La devise ci-après pourrait servir de leitmotiv à l'ensemble du personnel d'une organisation : « Pour vivre heureux, demain, vivons comme les fourmis en toute raison ». En effet, c'est durant les années de vache grasse qu'il faut préparer les années de vache maigre.

2.6.6. De la promotion de l'épargne en milieu associatif

A la question de savoir comment le milieu associatif peut contribuer à l'émergence de l'esprit et du comportement d'épargne, quelques pistes de solutions ont été imaginées. Avant de les exposer, il sied de mettre en exergue le trait fondamental du mouvement associatif. C'est, à mon avis, l'auto-organisation. Les membres mettent ensemble leurs moyens pour résoudre les problèmes du développement de leur milieu de vie.

Etant donné que le développement est un concept multidimensionnel, le développement du milieu de vie passerait par la réalisation des activités couvrant plusieurs secteurs : agropastoral, commercial, financier, éducatif, médical, génie civil, hydraulique, sensibilisation, conscientisation, piscicole, psycho-spirituel, etc. La plupart de ces activités rapportent de l'argent, les unes quotidiennement, les autres périodiquement. Cet argent sera redistribué en partie aux associés qui, par leurs cotisations individuelles et leur travail productif, font vivre le projet communautaire. Une partie de l'argent sera réinvestie dans le projet.

Sur le plan national, on peut noter que l'épargne collectée au niveau des organisations enrichit l'épargne nationale, laquelle contribue au développement d'un capital national, base d'un développement autocentré.

La devise ci-après pourrait servir de leitmotiv à l'ensemble du personnel d'une association : « Pour qu'un bien communautaire soit durable, il faut que chaque membre ne vise pas que ses intérêts personnels, qu'il se mette dans la peau des autres membres, ce qui lui permettra d'éviter le gaspillage des ressources limitées dont dispose l'association ». Pour plus d'efficacité ce travail de sensibilisation/ conscientisation sera dévolu à un organe technique précis. Celui-ci apprendra aux membres comment faire des économies.

Par ailleurs, il est vivement recommandé que l'association ouvre un compte bancaire pour que toute somme récoltée, si minime soit-elle, y soit versée avant de décider de son affectation. A ce propos, il convient d'affirmer avec force que toutes les dépenses organisationnelles doivent être programmées pour éviter tout dérapage financier.

Pour finir, voici une expérience de la maison Anuarité de Lubumbashi qui inculque l'esprit d'épargne à ses membres (les mamans) en les finançant. Cette association finance chaque membre avec un montant déterminé (par ex : 100 USD) et lui exige, en retour, de remettre plus qu'il a reçu (par ex : 120 USD) et le surplus (20 USD) est placé dans une banque ou un organisme de collecte d'épargne (Caisse d'épargne, Coopérative d'épargne et de crédit).

2.7. CONCLUSION PARTIELLE : ON DEVIENT EPARGNANT

Après la présentation de deux enquêtes, l'une portant sur l'argent de poche et l'autre sur l'épargne, il s'avère indiqué de connaître la relation existante entre :

- le statut d'épargnant (E.p.) et celui de bénéficiaire de l'argent de poche (BAp.), d'une part ;

- le statut de non-épargnant(N.Ep) et celui de non-bénéficiaire de l'argent de poche (NBAp.), d'autre part.

Les résultats se présentent comme suit :

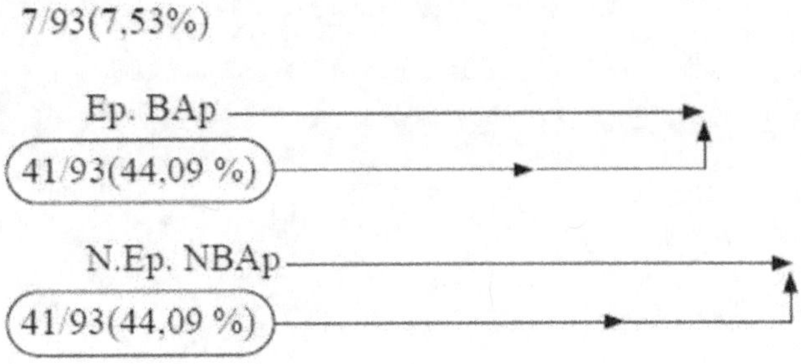

Ces résultats nous apprennent que 7 sujets sur 93, soit 7.53 %, ont le double statut d'épargnants et de bénéficiaires de l'argent de poche. En clair, le fait de bénéficier de l'argent de poche ne signifie pas qu'on aura automatiquement la volonté d'épargner. Par contre, 41 sujets sur 93, soit 44,09 %, ont le double statut de non-épargnants et de non-bénéficiaires de l'argent de poche. En clair, lorsqu'on ne bénéficie pas de l'argent de poche, il y a une forte probabilité de ne pas devenir épargnant.

Tous ces résultats me réconfortent dans le combat que je mène dans cet essai, celui d'amener les citoyens congolais à inscrire l'argent de poche dans leur budget, car cela augmente leur chance d'épargner. L'argent est un bien économique que l'on doit apprendre à manipuler dans un double sens : celui de la satisfaction immédiate des besoins dits primaires (manger, boire, se distraire, par exemple) et celui de la satisfaction différée des besoins dits secondaires.

Dans la terminologie de Maslow, ceux-ci comprennent les besoins sociaux, les besoins d'estime et de statut et, enfin, les besoins d'accomplissement de soi.

Pour réaliser les projets de ses rêves, il faut beaucoup de temps et beaucoup d'argent généralement.

Chapitre troisième
DE LA CONVERSION DE L'ARGENT DE POCHE EN EPARGNE

Le troisième et dernier chapitre de cet essai débute par une expérience qui associe d'une façon concrète les deux thèmes traités dans les parties précédentes, à savoir l'argent de poche et l'épargne. Cette expérience n'est rien d'autre que le « témoignage de la gratuité de Dieu dans la vie de l'Auteur du présent essai ». Autrement dit, au commencement de cet essai était le vécu de son Auteur.

C'est en fait, ce vécu qui a orienté et structuré cet essai, mieux qui lui a donné une signification aux yeux de son Auteur. C'est la raison pour laquelle ladite expérience est considérée comme significative.

Ce chapitre présente également quelques principes éducatifs à la base du processus de conversion ainsi que quelques préceptes relatifs à l'art d'économiser. Elle se termine par la présentation des difficultés inhérentes à toute conversion.

3.1. Présentation d'une expérience significative

Juste quelques mois après le divorce de mes parents alors que j'étais en 5e année primaire à l'école Saint Augustin de Lemba, une des communes de la ville de Kinshasa, **une chance providentielle me sourit : j'avais rencontré un bienfaiteur qui, en plus d'une assistance matérielle et psychologique, me fournissait une assistance financière.** C'est cette dernière qui est l'objet de mon propos. Voici, en peu de mots, les lignes maîtresses de notre « Contrat social ».

Il s'engagea de libérer mensuellement, en ma faveur, une certaine somme d'argent (environ 1000 FC de l'époque) au titre d'argent de poche.

J'étais libre d'en disposer comme je l'entendais. Notons, en passant, que je l'aidais, occasionnellement, dans les petits travaux de bureau puisqu'il m'avait appris la dactylographie par la méthode aveugle. Lorsqu'il partait en vacances en Belgique, il s'arrangeait pour me laisser une somme d'argent équivalente à deux mensualités, voire trois selon la durée de son séjour en dehors du pays.

A cette ligne de base s'ajoutait une clause qui se révéla fort utile à mon éducation à l'épargne : Toute somme d'argent épargnée sur mon argent de poche du mois en cours était ajoutée à mon argent de poche du mois suivant. Par exemple : si, au mois de janvier, j'avais dépensé 700 FC et économisé 300 FC, au mois de février, j'étais en droit de percevoir mon argent de poche habituel, c'est-à-dire 1000 FC auquel s'ajoutait la somme de 300 FC, une somme équivalente à mes économies du mois précédent (janvier). Le total faisait alors 1300 FC.

C'est seulement plus tard, devenu moi-même psychologue de formation, que j'ai compris qu'il appliquait là un principe d'apprentissage cher aux comportementalistes, à savoir le renforcement de la conduite que l'on désire perdurer. Il s’agit, pour le cas qui nous concerne, de la conduite d'épargne.

Le fait de dépenser tout mon argent de poche ne donnait lieu à aucun avantage, car ne bénéficiant d’aucune récompense. Le comportement de consommation n'était donc pas renforcé parce que, par définition, l'argent de poche est destiné à la satisfaction des besoins personnels.

Que j'adopte un comportement dépensier ou celui d'épargnant, j'avais toujours droit à mon argent de poche, et ce conformément à notre pacte initial. Cependant, seul le comportement d'épargne était renforcé.

Signalons, à ce niveau, que la somme mise en réserve n'était pas gardée à la maison, car, dans ce cas, on parlerait plutôt de thésaurisation.

L'expérience se poursuivit au niveau du cycle d'orientation à l'institut Saint Théophile de Kinshasa-Lemba. Après mes études dans cet institut, j'embrassai mes humanités littéraires au Collège Albert 1er, l'actuel Collège Boboto. Mon tuteur continua à m'octroyer l'argent de poche jusqu'à la fin de mes humanités. Et comme le siège de la Caisse d'épargne du Congo (CADECO) se trouvait non loin du collège, c'est là que j'avais ouvert, dès mon admission en troisième littéraire, mon compte épargne.

Que faisais-je de la partie d'argent de poche non épargnée ? A l'école primaire comme à l'école secondaire, je la consacrais à la satisfaction des besoins alimentaires (friandise, beignets, boissons gazeuses, charcuterie, conserves), parfois à l'assistance à des séances cinématographiques, aux matches de football au stade Tata Raphaël, aux séances de natation au bassin de la Funa, etc.

En conclusion, j'ai bénéficié de l'argent de poche durant huit ans. À partir du cycle long des humanités la consommation et l'épargne furent les deux composantes de l'argent de poche.

Ma pratique de l'argent de poche s'arrêta à la fin des études secondaires. L'épargne, elle, continua, jusqu'à devenir ma seconde nature. De cette expérience et de l'examen critique que j'en ai fait, j'en suis arrivé à comprendre que pour réussir une telle expérience, certaines conditions doivent être remplies :

- le respect des engagements de part et d'autre (donateur- bénéficiaire) ;
- le bénéficiaire de l'argent de poche doit se fixer des objectifs et mener une vie honnête et non dispendieuse ;
- le donateur de l'argent de poche ne doit pas connaitre le chômage ni une situation de précarité ;

- la stabilité macro-économique favorise l'épargne. Par contre, l'instabilité la freine ou, à tout le moins, la rend difficile.

Quels sont les principaux fruits de ma pratique d'épargne ? J'en citerai deux : la construction de ma maison d'habitation dans la commune de Ngaliema et la création, dans les prochains mois, d'une fondation Icare (cf. La mythologie grecque).

3.2. Quelques principes éducatifs pour une conversion réussie

J'ai retenu cinq principes qui, s'ils sont appliqués correctement et avec ménagement, contribueront à une conversion réussie des sujets ou des groupes de sujets ciblés. Il s'agit de principes suivants :

- vulgarisation de l'information sur le couple « argent de poche-épargne » ;
- attribution des objectifs à l'argent de poche ;
- renforcement du comportement d'épargne ;
- évaluation et suivi du comportement d'épargne.

3.2.1. De la vulgarisation de l'information sur le couple « argent de poche-épargne »

Le manque d'information crédible, l'ignorance et l'insuffisance de ressources financières sont, à mon avis, les principales causes des attitudes et comportements anti-argent de poche et anti-épargne observés lors des enquêtes sur l'argent de poche et sur l'épargne. Il suffit de regarder autour de soi pour constater que l'usage de l'argent de poche n'est pas une pratique courante. Il en est de même de l'acte d'épargner. Mais, avant de donner l'information crédible, il faut commencer par dissiper quelques idées fausses sur le couple « argent de poche-épargne».

1) Quelques idées fausses sur le couple « argent de poche - épargne »

a.1. « Dans le milieu scolaire, il est difficile de parler de l'épargne parce que celui qui épargne est celui-là même qui travaille » (Propos d'un enquêté).

En d'autres termes, le statut d'épargnant est lié inextricablement à celui de travailleur professionnel. Le travailleur scolaire (élève, étudiant) peut épargner pourvu qu'il reçoive régulièrement de l'argent de poche de la part du parent travailleur (peu importe qu'il travaille dans le formel ou dans l'informel) et pourvu qu'il soit bien informé sur l'importance de l'épargne.

a.2. « Mon âge (27 ans) ne me permet pas de recevoir l'argent de poche».

Il est vrai qu'à un certain âge un enfant est appelé à être indépendant ou autonome financièrement vis-à-vis de ses parents. En devenant responsable de lui-même, il ne peut compter que sur ses propres efforts pour la satisfaction de ses besoins personnels.

Ceux-ci existent à tout âge indépendamment du contexte socioculturel. Il va donc de soi que l'argent de poche est toujours le bienvenu tant qu'on n'a pas acquis l'autonomie financière grâce à l'exercice d'un emploi. Notons que de plus en plus les travailleurs retournent aux études.

a.3. « Je suis mère de famille. C'est moi qui cherche de l'argent pour donner aux enfants ».

L'amour du prochain (ici de ses propres enfants) n'exclut pas l'amour de soi-même. Une mère de famille a aussi des besoins personnels à satisfaire qui sont différents des besoins familiaux (enfants et mari).

Ceux-ci couvrent les besoins du groupe familial, ceux-là les besoins inhérents à sa personne. On peut satisfaire les deux groupes de besoins à la fois.

a.4. « Je ne reçois pas de l'argent parce que le salaire de mes parents est à la fois insignifiant et irrégulier ».

Le revenu familial d'où est extrait l'argent de poche, c'est plus que le revenu salarial. Celui-ci ne constitue qu'une composante parmi d'autres du revenu familial. Dans un pays moins avancé comme la R.D. Congo. il faudrait compter beaucoup plus sur les revenus générés par des activités lucratives du secteur informel et par la solidarité ethno-clanique.

Tous les travailleurs congolais ne sont pas que des salariés!

a.5 « L'argent de poche n'est pas prévu dans notre budget communautaire ni au niveau de la congrégation » (propos d'une religieuse).

J'invite les responsables des organisations religieuses à s'inspirer du modèle de l'apôtre Paul, le travailleur, qui subvenait à ses besoins personnels grâce aux fruits de ses activités manuelles. Une vie communautaire bien comprise ne peut pas écraser les individualités, le respect de la personnalité d'autrui implique la prise en compte de ses besoins. Si un (e) religieux (se) étudie, il (elle) a droit à l'argent de poche surtout lorsque les bourses d'études sont supprimées ou inexistantes. C'est le cas présentement en R.D. Congo.

a.6. « Les parents ne trouvent pas l'importance de me donner l'argent de poche parce que, disent-ils, cet argent pousse les étudiants à la prostitution, à l'ivrognerie et à faire tout ce qui leur semble bon » (propos d'une étudiante)

Le problème qui est soulevé ici est celui d'un mauvais usage éventuel de l'argent de poche. Les parents doivent comprendre que l'enfant a droit à l'erreur et que l'argent de poche est un droit pour l'enfant. Il appartient aux parents d'apprendre à leurs enfants le bon usage de l'argent.

Ne dit-on pas que l'argent est un bon serviteur, mais un mauvais maître!

a.7. « Mon père pense que le fait d'avoir l'argent entre les mains constitue un moyen d'égarement »

L'argent de poche n'est ni bon ni mauvais en soi. Tout est encore question de l'usage que l'on en fait. Donner l'argent de poche à quelqu'un constitue une occasion propice de l'éduquer à la vie.

a.8. « Je mets mon argent dans ma caisse personnelle »

Il ne s'agit ici ni plus ni moins que de la thésaurisation. L'argent d'épargne circule et il est susceptible de porter des intérêts. D'où l'intérêt de le déposer dans une institution financière agréée.

2) Les sujets concernés par l'information sur l'argent de poche et /ou épargne.

Le système de catégorisation adopté ici n'en exclut pas d'autres.

b.1. Les parents.

Beaucoup de parents s'occupent - soigneusement et selon les moyens disponibles - de la nourriture, de l'habillement et de la scolarité de leurs enfants, mais ils oublient ou semblent ignorer qu'en dehors de ces besoins fondamentaux qui concernent la fratrie, chaque enfant a des besoins spécifiques liés à sa propre histoire, à sa personnalité, à son style de vie et ses hobbies. Concernant ce dernier point, prenons le cas d'une famille de quatre enfants, l'aîné est féru d'Internet, le deuxième enfant de collection de timbres, le troisième enfant de natation et le cadet de lecture des bandes dessinées. En pareille situation, ce serait une erreur grossière que de mettre tous les enfants dans un même moule. Pour éviter cela, chaque enfant devrait recevoir son argent de poche pour s'adonner à son hobby. Cet argent de poche serait inscrit dans le budget familial.

Pour influencer les parents dans le sens souhaité, celui d'une éducation à l'épargne, on peut faire passer le message par le canal des réunions des parents d'élèves, des conférences-débats, des réunions - discussions....

b.2. Les enfants.

Ils constituent une cible privilégiée visée par l'éducation à l'épargne par le biais de l'argent de poche. Pour ce faire, ils ont besoin d'avoir des notions claires sur l'argent de poche et sur l'épargne. Qu'est-ce que l'argent de poche ? A quoi peut-il servir ? Comment peut-on le convertir en épargne? Qu'est-ce que l'épargne ? Quel est son importance dans la vie d'un individu, d'une famille et d'une nation ? Il faudrait surtout leur montrer le lien existant entre le niveau de développement d'un pays et sa capacité de mobilisation de l'épargne sur le plan national. Dans ce cadre, on mettra à leur disposition des statistiques provenant des organismes nationaux et internationaux. (Par exemple : Banque Centrale du Congo, Banque Mondiale...)

L'initiation des enfants au comportement d'épargne se fera essentiellement par les méthodes basées sur le jeu de rôle où chaque membre du groupe s'identifiera au personnage présenté comme modèle : l'épargnant-type.

b.3. Les salariés

L'épargne de l'entreprise est une des composantes de l'épargne nationale, les autres composantes étant l'épargne des administrations publiques et l'épargne des ménages. Les employés apprennent le comportement d'épargnant notamment grâce à leur participation au système d'intéressement instauré au sein de leur entreprise. L'argent perçu pourra servir, entre autres, à la constitution de l'argent de poche dont bénéficieront les enfants. Ceux-ci ne demandent qu'une initiation à la gestion rationnelle de cet argent.

b.4. Les autres catégories socioprofessionnelles : travailleurs du secteur informel, travailleurs domestiques etc.

De par leurs traditions, les mouvements associatifs et coopératifs promeuvent certaines valeurs comme le travail communautaire, l'épargne et la solidarité. Ils comptent sur la mise en commun des ressources des membres plutôt que sur les aides de l' Etat-Providence.

Les travailleurs participent également à l'effort d'épargne individuellement ou par regroupement corporatiste. Il en va de même des travailleurs domestiques.

Les réunions-discussions publiques sectorisées sont indispensables à leur formation en matière d'épargne et d'utilisation rationnelle de l'argent de poche comme entité budgétaire.

3) Contenu informationnel.

L'information relative à l'argent de poche et à l'épargne possède un caractère technique. Qu'elle soit destinée à un individu ou à un groupe, elle doit être compréhensible. Pour ce faire, le vulgarisateur n'hésitera pas à recourir aux schèmes culturels et mentaux des populations cibles en traduisant l'information technique en une information usant de mots et d'images populaires. L'appropriation passe par son inculturation.

Le comportement de conversion attendu, défini par Geneviève Paicherler et Serge Moscovici[17] comme un « subtil processus de modification cognitive ou perceptive » ne peut se produire que si les opinions et les attitudes des individus ou des populations cibles sont touchées également par l'information technique. C'est la raison pour laquelle le vulgarisateur doit non seulement toucher les esprits grâce

---

[17] Geneviève PAICHERLER et Serge MOSCOVICI, « Suivisme et conversion », dans S. Moscovici (Sous la dir), Paris, PUF, 1984, p 153.

aux arguments techniques de son message, mais aussi les cœurs de ses interlocuteurs en favorisant l'expression de leurs sentiments (négatifs ou positifs) voire de leurs émotions.

Cela n'est possible que grâce à des échanges francs, libres de toute contrainte (temporelle, financière, entre autres) et respectueux des us et coutumes.

S'agissant de ce dernier aspect de choses, soulignons le fait suivant : ce n'est pas parce que qu'on veut encourager l'épargne au sens moderne qu'il faudrait dévaloriser le système tontinier traditionnel. Ce n'est pas pour ce motif qu'il faudrait culpabiliser les sujets qui ne bénéficient pas de l'argent de poche pour telle ou telle raison (motif). Ce n'est donc pas pour ces raisons qu'on devrait à tout prix interdire son usage. Par ailleurs, les illustrations devraient s'appuyer, si possible, sur des exemples de réussite puisés dans le milieu local. Enfin, des images photographiques ont un pouvoir persuasif énorme sur les sujets moins instruits.

3.2.2. De l'attribution des objectifs à l'argent de poche.

Selon la nouvelle approche défendue dans cet essai, la finalité de l'argent de poche est double : la consommation et l'épargne.

Il est question ici de transformer celle-ci en objectifs, c'est-à-dire en comportements observables et mesurables. Une question de taille se pose à ce stade : Quelles sont les qualités que doivent posséder les objectifs retenus pour qu'ils deviennent des facteurs motivationnels du comportement d'épargne ?

1. ils doivent permettre avant tout le contrôle de la performance en désignant le type et la quantité d'effort exigé. Ils favorisent l'autosatisfaction en fournissant des signes clairs de la réalisation personnelle. Les intentions générales, par ailleurs, fournissent peu

de base pour contrôler ses propres efforts, pour évaluer la façon dont on se tire d'affaire »[18] :

2. ils doivent être fixés à un niveau acceptable, c'est-à-dire ils ne doivent pas être trop faciles ni trop difficiles à atteindre. C'est ce niveau qui est susceptible de procurer beaucoup de satisfaction personnelle. En effet, un objectif facile exige peu d'efforts. Un objectif difficile exige beaucoup d'efforts. Pour éviter que le sujet ne se décourage ou n'échoue, il faut diviser l'objectif difficile en sous-objectifs de difficulté modérée ;

3. la proximité temporelle de leur atteinte est une autre caractéristique que doivent posséder les objectifs retenus. Généralement, on catégorise les objectifs en objectifs à court terme, à moyen terme et à long terme. D'après A. Bandura, « les objectifs immédiats mobilisent les efforts et dirigent ce que l'on fait ici et maintenant. Des intentions éloignées sont trop distantes dans le temps pour avoir un effort motivationnel suffisant pour l'action.... »[19]. Autrement dit, les objectifs à court terme sont préférables aux objectifs à moyen et à long termes. Ceux-ci doivent être scindés en sous- objectifs proches et explicites pour devenir des motivateurs efficaces du comportement désiré, à savoir le comportement d'épargnant.

3.2.3. Du renforcement du comportement d'épargne.

Pour les comportementalistes (behavioristes), le renforcement est une technique utilisée pour modifier le comportement acquis dans le

---

[18] A. Bandura, *L'apprentissage social d'épargnant*, Pierre Mardaga Editeur, Bruxelles, Liège, 1980, p. 150.
[19] A. Bandura, *L'apprentissage social d'épargnant*, p.151.

sens de l'augmentation de son intensité, de sa fréquence, de son pouvoir d'attraction, de sa durée, de son débit, etc.

Le comportement désiré – supposé acquis – est ici le comportement d'épargne et l'agent renforçateur est l'argent que certains auteurs qualifient de renforcement intermédiaire, c'est-à-dire de moyen d'obtenir un renforcement d'un autre type ; d'autres le qualifient de renforcement généralisé dans la mesure où c'est un stimulus qui peut être échangé contre d'autres types de stimuli. Ainsi, grâce au bien monétaire on peut s'octroyer, à titre onéreux, d'autres biens (alimentaire, culturel, mobilier, immobilier).

Dans l'expérience de l'auteur relative à son éducation à l'épargne par l'argent de poche, ce dernier est un stimulus antécédent (SA), la consommation est une réponse habituelle, attendue (R1) et l'épargne est une réponse inhabituelle, inattendue (R2). C'est cette dernière qu'on voudrait maintenir grâce à l'octroi d'un stimulus conséquent (SC), représenté par l'argent supplémentaire équivalent au montant de l'épargne dégagée.

Schématiquement.

I. Argent de poche (SA) ⟶ **Consommation (R1)**
(1000 FC) (1000 FC)

II. Argent de poche (SA) ⟶ • Consommation (700 FC)
+
• Epargne (R2) (300 FC)
+
• Supplément d'argent (SC) (300 FC)

III. Total perçu : 700 + 300 + 300 = 1300 FC après épargne.

On peut s'imaginer une autre expérience dans laquelle on remplace le renforcement pécuniaire par le renforcement social (félicitations, encouragement, divers). En général, le sujet adulte recourt moins au renforcement externe qu'au renforcement interne. Dans le renforcement externe le sujet renforce son comportement à la suite de conséquences produites de l'extérieur. Par extérieur, il faut entendre le fait que la source (ou émetteur) du renforcement n'est pas le sujet. Dans le renforcement interne(ou auto-renforcement) le renforcement est généré par le sujet lui-même. Dans ce dernier cas, le sujet s'encourage ou mieux se motive en pensant aux bienfaits qu'il tirera dans l'avenir à la suite de son comportement d'épargne. Hormis le sujet lui-même, les bénéficiaires potentiels de ces bienfaits sont le ménage, les amis, l'entreprise, la nation.

Généralement, pour qu'un renforcement soit efficace, il doit suivre immédiatement l'émission du comportement attendu. Si le lien est solidement établi entre le stimulus et le comportement attendu, on peut recourir au renforcement intermittent pour lequel le comportement attendu n'est pas systématiquement renforcé.

3.2.4. De l'évaluation et du suivi du comportement d'épargne.

Pour évaluer objectivement le comportement d'épargne dont les principales manifestations servent en même temps de critères d'évaluation que sont : la mise de côté régulièrement d'une certaine somme, son dépôt dans un compte-épargne ou son inscription dans un livret d'épargne et le fait d'avoir un plan d'épargne, il faudrait prendre comme point de départ les objectifs assignés à la partie de l'argent de poche soustraite à la consommation.

Les objectifs sont des comportements attendus, observables et mesurables. L'évaluation va consister alors à comparer le comportement obtenu ou réel et le comportement attendu.

Le comportement attendu ici, à savoir le comportement d'épargne, s'inscrit dans la catégorie des objectifs psychomoteurs ou objectifs de savoir-faire.

Exemple : un sujet assigne comme objectif à une partie de son argent de poche l'achat d'un vélo dont le prix d'achat est de 60 USD et ce, dans un délai d'un an. Pratiquement il s'engage à épargner 5 USD par mois. Si dans un délai de six mois, il épargne 30 USD, cela signifie que son comportement d'épargne correspond au comportement attendu, du moins à ce stade. L'auto - évaluation va le motiver et l'obliger à maintenir le cap.

Si, par contre, il épargne moins de 30 USD en six mois, cela signifie qu'il doit doubler d'efforts lors du second semestre. S'il dépasse 30 USD par semestre, cela signifie que l'objectif assigné à une partie de son argent de poche est facile à atteindre. Dans tous les cas, la régulation du comportement d'épargne est requise dans les deux derniers scénarios où le sujet est appelé à chercher les raisons de la non-atteinte de l'objectif (2e scénario) ou celles du dépassement de l'objectif (3e scénario).

L'évaluation ne constitue pas l'étape finale d'un processus éducatif. Ghislain Margerotte (1988, p.107) le dit avec clarté en affirmant que «l'apprentissage ne se termine pas à l'évaluation finale : il faut en effet s'assurer que le comportement se maintient après l'apprentissage et peut être utilisé dans d'autres environnements. Il faut donc veiller à entretenir les acquis ! »[20]. Il s'agit, là, de la problématique du suivi des

---

[20] Ghislain MARGEROTTE, « Le changement du point de vue comportemental », dans BESSON CHR (Ed.), Les théories du changement à l'œuvre dans le travail social, Genève, les Editions I.E.S., 1987, p. 107.

comportements acquis. Sans suivi les apprenants risquent de retomber dans de vieilles habitudes qui ne sont plus de mise ici et maintenant.

3.3. Quelques principes relatifs à l'Art d'économiser

La capacité d'économiser est un prérequis à l'acquisition du comportement d'épargne. En effet, face au même bien ou au même service on constate qu'il y a des consommateurs qui sont plus dépensiers que d'autres. Pour lutter contre le comportement dépensier et favoriser le comportement d'épargne, les préceptes ci-après ont été élaborés. Ils portent sur trois niveaux d'analyse : étatique, organisationnel et individuel.

3.3.1 Au niveau de l'Etat-Nation

Le bon exemple vient d'en haut, dit-on. Il est du devoir de l'Etat congolais d'accomplir un certain nombre d'actions allant dans le sens de faire des économies pour diminuer sa dépendance vis-à-vis de l'extérieur, d'une part, et pour soulager tant soit peu la misère d'une large frange de ses concitoyens vivant en dessous du seuil de pauvreté, d'autre part. Voici quelques-unes des actions possibles :

1. la lutte contre la corruption à tous les niveaux (douanes et accises, services étatiques et paraétatiques, administrations provinciales, etc.) ;
2. la lutte contre l'inflation ;
3. l'encouragement des initiatives locales d'autofinancement ;
4. la gestion efficace du Service des dettes ;
5. la diminution du train de vie des hauts fonctionnaires de l'Etat ;
6. le soutien des organismes nationaux de collecte de l'épargne ;

7. la promotion des exportations ;
8. la lutte contre le coulage des deniers publics ;
9. la lutte exemplaire contre l'impunité des délinquants économiques, quel que soit leur rang social.

3.3.2. Au niveau organisationnel

L'analyse se limite à deux organisations typiques : l'entreprise et l'école.

1) Entreprise

1. la lutte contre le gaspillage de l'énergie ;
2. le développement de la culture d'entretien ;
3. la gestion rigoureuse du patrimoine de l'entreprise ;
4. la lutte contre le vol des outils de travail notamment par le payement des salaires motivants ;
5. l'intéressement du personnel (participation aux bénéfices, actionnariat...) ;
6. l'autofinancement de l'entreprise ;
7. l'amortissement du capital (capital-outil, capital-espèces, capital mobilier ...) ;
8. la mise sur pied d'un plan d'épargne salariale ;
9. l'exécution orthodoxe du budget de l'entreprise.

2) L'école

1. la participation des apprenants à des microprojets de développement ;
2. l'initiation des apprenants à l'épargne scolaire via des structures formelles ou informelles ;
3. l'encouragement des apprenants à déposer leur argent dans un compte ou livret d'épargne ;
4. la vente des produits des activités scolaires et parascolaires.

3.3.3 Au niveau individuel

1. apprendre aux citoyens à faire des petites économies lors des achats, de l'aménagement de leur maison, de l'utilisation des produits de la REGIDESO, de la SNEL ;
2. enseigner aux citoyens l'art de ne pas vivre au-dessus de leurs moyens ;
3. initier les citoyens à l'élaboration d'un budget intégrant l'argent de poche;
4. valoriser le travail comme activité et comme valeur ;
5. cultiver :
   - l'esprit d'entraide,
   - l'esprit de créativité,
   - l'esprit d'épargne.

3.4. Conclusion partielle : Difficultés inhérentes à toute conversion.

Représentons-nous la conversion comme un processus de modification comportant les phases suivantes :

Information (message) Acceptation → Appropriation Acceptation Appropriation → Conversion.

A chaque phase on rencontre des difficultés spécifiques.

3.4.1. Phase informationnelle

La psychologie moderne nous apprend qu'en matière de perception d'un stimulus (physique, social. cognitif), les sujets ne le perçoivent pas tel qu'il est, mais tel qu'ils se le représentent. Ainsi, l'information relative à l'argent et à l'épargne peut être la plus objective, la plus technique que l'on puisse imaginer, cela ne va pas empêcher les sujets concernés à la déformer dans le sens de leurs préjugés, de leur représentation sociale du monde. Autrement dit, les sujets ne réagissent pas à l'information telle qu'elle est, mais telle qu'ils la construisent mentalement. Ils sont également influencés par le porteur de l'information, c'est-à dire le messager ou le vulgarisateur.

Est-il sympathique ou antipathique ? Est-il crédible ou non ? Est-il proche ou distant du public-cible ? Il s'ensuit qu'il peut y avoir confusion entre le jugement porté sur l'information et celui porté sur le messager et sur le vulgarisateur. D'où l'intérêt à porter au choix rationnel de ce dernier.

3.4.2. Phase d'acceptation

Si l'information diffusée est perçue par le récepteur grâce à l'un des sens, faut-il encore qu'il la comprenne ; dans le cas contraire, elle n'aurait pas d'effet escompté sur lui. Seule une information bien comprise, intéressante et importante du point de vue du récepteur aurait une grande probabilité d'être acceptée. Et si acceptation il y a, se limite-t-elle au niveau manifeste - dans ce cas on parle de conversion de façade

- ou bien touche-t-elle le niveau latent- dans ce dernier cas on parle d'une conversion touchant le moi intérieur ?

3.4.3. Phase d'appropriation

Gustave Nicolas Ficher (1987, p.135;1981, p.87) définit l'appropriation à deux niveaux : général et psychologique. Au niveau général, « s'approprier veut dire faire sien » et au niveau psychologique, l'appropriation « définit l'individu comme le maître d'une jouissance par rapport aux choses et au monde »[21].

Dans l'optique psycho-sociale, le processus d'appropriation renvoie à celui d'inter signification, lequel est, selon Philippe Malrieux (1983), sous-jacent à tout acte humain[22]. Ce qui veut dire que les actes humains se signifient les uns les autres. Tout acte isolé, c'est à dire non signifié par un autre, est désignifié, il est source d'aliénation.

Du point de vue didactique, il convient de faire comprendre au sujet que la partie de son argent de poche qu'il met de côté, qu'il ne consomme pas ici et maintenant, pourrait servir à la réalisation d'un projet, contribuerait à son développement personnel et ou à celui de son milieu.

En d'autres termes, l'acte d'épargner n'est plus un acte isolé, accompli une fois pour toutes, mais un acte qui s'enchaîne avec d'autres : en amont par une gestion rationnelle de son argent de poche et en aval par la concrétisation d'un projet de vie.

Ainsi, c'est par l'inscription de l'information dans un réseau d'inter signification que s'effectuera son appropriation.

---

[21] G. N. Ficher, « Les processus d'appropriation du travail, changement comme jeu social », dans *Psychologie et éducation*, Vol XI, n. 1-2, mai 1987, p. 135. (1987, p.135;1981, p.87)

[22] P.Malrieux, « Vers une recherche marxiste en psychologie » dans *La pensée*, n. 235, septembre – octobre 1983, pp. 19-38/

3.4.4. Phase de conversion

La conversion est insécurisante, car elle implique un saut vers l'inconnu. Il faut donc préparer le sujet à la conversion là où il vit. Et pour que cette conversion réussisse, le sujet devrait accomplir deux actions complémentaires : l'une consiste à s'accrocher à des repères socioculturels pour sauvegarder son identité psychosociale - C'est l'instinct de conservation – et l'autre consiste à aller vers un monde nouveau, donc inconnu – c'est l'action de transformation.

L'auto-observation du comportement de conversion peut s'effectuer à l'aide du petit questionnaire ci-dessous auquel le sujet est appelé à répondre sans faux-fuyant :

- La conversion est-elle superficielle ou profonde ?
- La conversion est-elle durable ou transitoire ?
- La conversion a-t-elle entraîné le changement de regard porté sur la société de consommation et sur ses apologistes ?
- La conversion a-t-elle eu pour conséquence majeure le changement des rapports à l'argent (de poche ou d'épargne) ou bien le projet de changement du système socio-économique ?

J'affirme, d'emblée, que sans changement du système socio-économique actuel – fondé sur les injustices, la corruption, les inégalités – il n'y aurait pas de conversion durable. Le changement du système appelle, selon Claude Julier[23], une action sur :

- les représentations (la vision du monde) ;

[23] Cl. JULIER, « Le changement d'un point de vue systémique », dans Chr. Besson (Ed.), *Les théories du changement à l'œuvre dans le travail* social, Genève, les Editions I.E.S., 1987, p. 68.

- Les contextes, et ce qui articule et structure ces représentations(les règle);
- Les comportements eux-mêmes. »

Schématiquement :

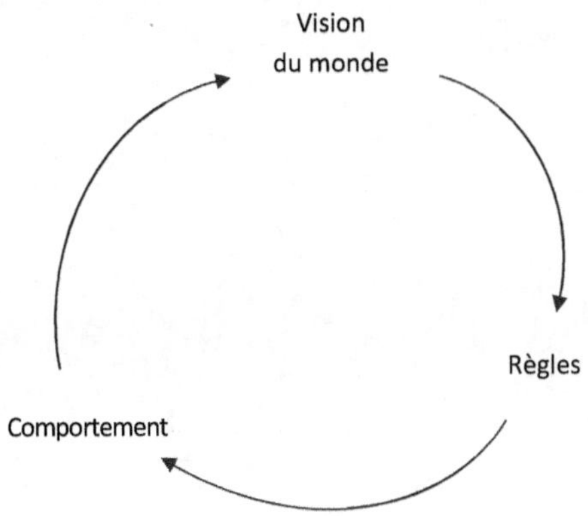

Tout cela suppose qu'à l'approche comportementaliste s'ajoute l'approche systémique. « *En englobant la totalité des éléments du système étudié, leurs intersections, l'approche systémique copie l'organisme vivant dans son ouverture et sa complexité, sa capacité d'auto-organisation, d'auto - régénération, de changement.* »[24] (Idem, p. 24).

[24] Cl. JULIER, « Le changement d'un point de vue systémique », dans Chr. Besson (Ed.), *Les théories du changement à l'œuvre dans le travail* social, p. 24.

CONCLUSION GENERALE

J'ai tenté de défendre, dans cet essai, la thèse selon laquelle l'argent de poche est un outil par excellence d'éducation à l'épargne.

Dans la partie introductive, j'ai exposé succinctement le fondement de l'éducation à l'épargne : au rôle traditionnel de l'argent de poche perçu comme un moyen de satisfaction des besoins de consommation s'ajouterait désormais un rôle novateur qui en ferait un moyen d'investissement ou d'épargne. Pour qu'il en soit ainsi, un certain nombre de règles – dix en tout – doivent être respectées scrupuleusement. Les deux règles majeures peuvent se résumer en ces termes :

- l'attribution d'un objectif précis et réaliste à la partie de l'argent de poche mise en réserve ;
- le placement de la somme mise en réserve dans un organisme collecteur d'épargne populaire où elle produira des intérêts.

Le premier chapitre a traité de l'argent de poche en partant d'une enquête menée en milieu universitaire de Lubumbashi (lushois). Cette enquête a consisté, pour l'essentiel, à la résolution de quelques problèmes relatifs à l'argent de poche et ce, au moyen de deux techniques de créativité. Mon pari fut la production d'un grand nombre d'idées afin d'avoir quelques bonnes idées susceptibles d'enrichir ma réflexion. Environ un étudiant interrogé sur deux interrogés bénéficie de l'argent de poche assimilé dans beaucoup de cas à l'argent de transport et à celui de restauration à midi.

Le deuxième chapitre a porté, quant à lui, sur l'épargne. Comme le premier chapitre, il s'appuie aussi sur une enquête *ad hoc* et sur l'utilisation de deux techniques de créativité. Seulement un étudiant sur dix a la qualité d'épargnant. Le croisement du statut de bénéficiaire ou non de l'argent de poche avec celui d'épargnant donne un résultat intéressant qui va dans le sens de la thèse défendue. En effet, le fait de bénéficier de l'argent de poche ne conduit pas automatiquement au comportement d'épargne. Donc, celui-ci s'apprend.

Le troisième chapitre s'ouvre sur l'expérience de l'auteur en matière d'éducation à l'épargne par l'argent de poche. C'est ce témoignage qui est à l'origine de cet essai et qui lui donne un cachet spécial. Ce qui est proposé ici peut être pratiqué par n'importe qui pourvu qu'il y mette du sien.

Régis Lapauw écrit : « Demain ne sera pas un Eden sans agressivité, mais comprendre que l'autre m'enrichit toujours est essentiel dans le tissu où s'articule l'individu et tous les autres ». Jean-Paul Sartre (1964) l'avait dit à sa manière « Je suis un homme fait de tous les hommes, qui les vaut tous et qui vaut n'importe qui »[25].

Hormis le témoignage, ce dernier chapitre traite de la conversion de l'argent de poche en épargne et, enfin, présente quelques préceptes relatifs à l'art d'économiser.

Cet essai fourmille de beaucoup d'idées novatrices qui pourraient aider toute personne – physique ou morale – à se lancer véritablement sur le chemin de l'épargne en général et sur celui de l'épargne via l'argent de poche en particulier.

---

[25] R. LAPAUW, « Problématique du changement dans notre contexte socio-culturel », dans Chr. BESSON (Ed.), 1978, p. 28.

ELEMENTS BIBLIOGRAPHIQUES

1. BANDURA (A), *L'apprentissage social,* Pierre Mardaga Editeur, Bruxelles, Liège, 1980.
2. BUHENDWA (G), « La relance de la caisse d'Epargne du Congo et son rôle dans le développement économique », *Congo-Afrique,* n°41, 1970, Pp. 5-14.
3. DEMORY (B), *7 techniques de créativité,* S.L., Chotard et Associés Editeurs, S.D.
4. FISCHER (G.N.), « L'apprentissage de l'espace » dans *La psychosociologie* de *l'espace*, Paris, PUF, Que sais-je ?, 1981, Pp 86-94.
5. FISCHER (G.N.) « Les processus d'appropriation du travail, le changement comme jeu social », *Psychologie et éducation,* Vol. XI, n°1 - 2, mai 1987, Pp. 133 – 141
6. GUILLAUME (J.Fr.), dans *L'appel* 349, Septembre 2012, p. 23
7. JULIER (Cl), « Le changement d'un point de vue systémique » dans Chr BESSON (Ed.), *Les théories du changement à l'œuvre dans le travail social,* Genève, les Editions I.E.S., 1987, pp. 49-74.
8. KIKASSA Mwanalessa, « Les dix ans du Mouvement coopératif d'Epargne et de Crédit au *Zaïre », Zaïre-Afrique,* n° 159, 1981, pp. 543-565.
9. LAPAUW (R.), « Problématique du changement dans notre contexte socio- culturel », dans Chr BESSON (Ed.), » dans Chr BESSON (Ed.), *les théories du changement à l'œuvre dans le travail social,* Genève, les Editions I.E.S., 1987, pp. 13-29.
10. LEVY-LEBOYER (Cl.), « Le travail comme activité et comme valeur » dans Cl. LEVY LEBOYER et J.-C., SPERANDIO, *Traité de psychologie du travail,* Paris, PUF, 1987, pp. 19-35.
11. LUTHER KING (M.), *Autobiographie,* Paris, Bayard Editions, 2000

12. MAGEROTTE (Gh.), «Le changement du point de vue comportemental», dans Chr. BESSON (Ed), *Les théories du changement à l'œuvre dans le travail social*, Genève, les Editions, I.E.S., 1987, pp. 93-108.
13. MALRIEU (Ph), « Vers une recherche marxiste en psychologie », *La pensée,* n° 235, septembre - octobre 1983, p. 19-38.
14. MULOMBO-wa-Mputu, *Les significations de l'adhésion à une coopérative d'épargne et de crédit. Le cas du Zaïre. Approche Psychosociale*, thèse de Doctorat, Université de Toulouse Le Mirail.
15. MOSCOVICI (S.) (Sous la dir.), *Psychologie sociale*, Paris, PUF, 1984.
16. NOUVEAU Petit Robert de la Langue française, 2009.
17. PAICHERLER (G) et MOSCOVICI (S), « Suivisme et conversion ». dans S. MOSCOVICI (ed.) *Psychologie sociale*. Paris, PUF, 1984.
18. UNION DE BANQUES SUISSES, *65 suggestions pour votre budget,* Octobre 1980.
19. VIENNEY (Cl*), Socio-économie des organisations coopératives*, Tome 1, Paris, Edition C.I.E.M., 1980.

WEBOGRAPHIE

20. ** http : //www.weblambert.com/argent
21. *** http : //www.lexpansion.com/art/6.0.113934.0html
22. *** f.wkipedia.org/wiki/Argent de poche (20/05/2015).
23. *** http : www.la finance-et-consommation/enfant/parler d'argent-avec Ses enfant/l'argent de poche (20/05/2015).
24. ***Oxford University Press Espana www.oupse.es (avril 2012).

www.ingramcontent.com/pod-product-compliance
Lightning Source LLC
LaVergne TN
LVHW021746071126
851857LV00039B/1014
* 9 7 8 1 9 1 8 6 6 7 6 9 1 *